Martin Dauth

Lifestyle und Nachfolge

MARTIN DAUTH

LIFESTYLE & NACHFOLGE

PERSPEKTIVEN
FÜR DIE KIRCHLICHE ARBEIT
MIT JUNGEN ERWACHSENEN

AUSSAAT

ABCteam Bücher erscheinen in folgenden Verlagen:
Aussaat- und Schriftenmissions-Verlag Neukirchen-Vluyn
R. Brockhaus Verlag Wuppertal
Brunnen Verlag Gießen (und Brunnquell Verlag)
Christliches Verlagshaus Stuttgart (und Evangelischer Missionsverlag)
Oncken Verlag Wuppertal und Kassel

Quellennachweis
Seite 5 „Wer ewig schluckt" und Seite 17 „Farben auf dem Asphalt" aus: Herbert Grönemeyer „Jetzt oder nie", © Grönemeyer/Grönland-Musikverlag. Seite 25 Helmut Gollwitzer „Womit bekommt man es zu tun" © Chr. Kaiser Verlag, München.

Titelgestaltung: Michael Buttgereit, Haltern
Satz: ZERO Typographischer Betrieb, Moers
Druck: Steinbeck-Druck, Sprockhövel
Printed in Germany
ISBN: 3-7615-2889-2

wer ewig schluckt
der stirbt von innen
es tut so gut
wenn dir die seele brennt
du auf die straße rennst
jetzt oder nie
wir werden dosiert zensiert
menschen achtlos diffamiert
wie eine träge herde kühe
schaun wir kurz auf und
grasen dann gemütlich weiter
das fernsehen redet uns tot
pflanzen sterben an atemnot
wir warten immer zu lange
die zeit rennt weg
wir müssen es angehn
jetzt oder nie

Herbert Grönemeyer

Vorwort

Dies ist ein sehr gutes Buch! Ich werde dreimal darin zitiert...
Nein, jetzt im Ernst: Dies ist ein sehr gutes Buch, weil es eine präzise beobachtete Gesellschaftsanalyse bietet. Eine „Zeitansage", die weder klagend grämlich noch anklagend entrüstet daherkommt, sondern das Lebensgefühl und das Selbstverständnis junger Erwachsener – ihren „Lifestyle" also – auf Anknüpfungspunkte für den Ruf in die Nachfolge Jesu abklopft. Sie halten hier ein Zeitgeist-Panorama in Händen, das nicht im Diagnostischen steckenbleibt (und Ihnen das zugige Fenster zur Welt so eiskalt weit aufreißt, daß sie es am liebsten wieder schließen würden), sondern das zu acht Thesen weitergeht – acht begründeten und durchdachten Thesen für die Evangelisation einer Zielgruppe, die von manchen Pastoren und Gemeindemitarbeitern als besonders kritisch, fernstehend, schwer erreichbar empfunden wird. Martin Dauths Hilfen für eine Gemeindearbeit, die „ankommt", weil sie formal eben nicht zehn Jahre zu spät kommt, sind in der Praxis erprobt und wohl auch er-litten, das spürt man den Kapiteln III und IV an. Insofern haben die Erfahrung und das „Handwerk" vieler kreativer Mitarbeiter den Erfahrungsschatz dieses „Hand- und Werkbuches" zusammengetragen.

Daß Christen nicht mehr nur Prediger und Referenten, Chöre, Liedermacher und Rockbands zu missionarischen Veranstaltungen einladen, sondern auch Ausstellungen, Shows, Filmwochen, Autorenlesungen, Nachtcafés, Talkshows und Planspiele durchführen, ist ja nicht aus Langeweile oder Budgetüberschuß geschehen, sondern ist Ausdruck der kulturprägenden Gemeinschaft von lebendigen Christen vor Ort. Ausdruck des Wunsches, jungen Erwachsenen in Ladencafés und Programmkneipen eine Art „Heimat", eine neue „Familie" zu bieten. Martin Dauth ist meines Wissens der erste, der dieses Phänomen exakt beschreibt, in einen – auch für Laien verstehbaren – theologischen Rahmen stellt und Ihnen obendrein noch nachvollziehbare Vorschläge macht. Sie halten also auch den Gegenbeweis eines Sprichwortes in Händen: Erst kommt das (Lese-) Vergnügen, und dann kommt die Arbeit!

Andreas Malessa

Inhalt

Vorwort 7

I. Jung und trotzdem erwachsen – Junge Erwachsene heute 11

1. Allgemeine Situation 11

2. Die Lebensform bestimmt das Leben 12
   a) Singles 12
   b) Alleinerziehende 13
   c) Paare ohne Kinder 14
   d) Junge Familien 14
   e) Wohngemeinschaften 15
   f) Leben im Elternhaus 16
   These 17

3. ABC der Begegnungsfelder 17

4. Auf der Suche nach dem eigenen Lifestyle 20
   a) Die Aufsteiger: Yuppies 20
   b) Die Umsteiger: Alternative und Ökos 22
   c) Die Aussteiger: Punks und andere 22
   These 24

II. Mit jungen Erwachsenen über den Glauben reden 25

1. Zwischen Sender und Empfänger: Was kommt an? 26

2. Grundstrukturen für das Gespräch über den Glauben 28
   a) Persönlich erzählen 28
   b) Tolerant im Dialog 30
   c) Ganzheitliche Vermittlung 33

3. Die Themen junger Erwachsener als Anfrage an unseren Glauben 34
a) Beziehungskiste ohne Ende? 35
b) Neue Männer braucht das Land! 36
c) Nach uns die Sintflut? 39
d) Comeback der Mythen: Religion ist in – Kirche ist out 41

4. Eine Geschichte aus der Bibel, erzählt für junge Erwachsene: Lydia 44

III. Offene Treffpunkte für junge Erwachsene 47

1. Modelle aus der Praxis 48
a) Der „andere Keller“ in Weingarten 48
b) Das Schüler-Café in Crailsheim 51
c) Das Café Merlin in Stuttgart als Haus der Begegnung 53
d) Das Café Curioso in Bernhausen 54

2. Konzeptionelle Möglichkeiten 55
a) Das Jugendcafé 55
b) Die Programmkneipe 56
c) Das Ladencafé 57
d) Das Filmcafé 57
e) Das Haus der Begegnung 58

3. Verkündigungsformen 58
a) Das Interview 59
b) Das Feature 59
c) Der Kommentar 60
d) Die Umfrage 60
e) Lyrische Versuche 61
f) Die Talkshow

4. Was sonst noch wichtig ist... 65
a) Räume schaffen Atmosphäre 65
b) Wer hat so viel Geld? 67
c) Werben mit guten Ideen 71
d) Gesucht: Kreative Mitarbeiter 73

IV. Veranstaltungen für junge Erwachsene 76

1. Konzerte 76
2. Abend der leisen Töne 77
3. Das Nachtcafé 77
4. Planspiele 77
5. Die Filmwoche 78
6. Volkshochschulkurse 78
7. Kreativkurse 79
8. Autorenlesungen 80
9. Shows 80
10. Ausstellungen 82

V. Ausblick: Lifestyle und Nachfolge 84

1. Auf der Suche nach einer neuen Lebensform 84

2. Chance und Wagnis: Acht Thesen zum Thema 88

Anmerkungen 91

Literatur 92

I. Jung und trotzdem erwachsen – Junge Erwachsene heute

„Wer an Christus gebunden ist, kommt nicht um
in der Begegnung mit der Zeit."

Klaus Vollmer

1. Allgemeine Situation

Die Gruppe der jungen Erwachsenen, also Frauen und Männer im Alter zwischen 18 und 30 Jahren, umfaßt in der BRD etwa 12 Millionen Menschen. Norbert Copray kommt in seiner gründlichen Studie[1] über die Situation junger Erwachsener zu folgender Beschreibung: „Junge Erwachsene sind Menschen, die sich in der zweiten Hälfte der Lebensphase ‚Jugend' befinden, die letzten drei Phasen der Adoleszenz durchlaufen und damit die Jugend abschließen."

Ein Blick in die Werbeanzeigen der Publikumszeitschriften und auf die Großflächenplakate genügt, um festzustellen: der junge Erwachsene ist auf Grund seiner Jugendlichkeit und Ausstrahlungskraft ein Sinnbild für das Leben in unserer Gesellschaft geworden. Der junge Erwachsene unterliegt nicht mehr den rechtlichen, sozialen und finanziellen Einschränkungen eines Jugendlichen und ist auch noch nicht festgelegt in seinem Werterahmen und in seinem Lebensstil wie etwa ein Vierzigjähriger. Eigenschaften, die in unserer Gesellschaft hoch im Kurs stehen, werden mit der Lebensphase des Menschen im jungen Erwachsenenalter in Verbindung gebracht: Kreativität, Unabhängigkeit, Beweglichkeit, Produktivität, Leistungsbereitschaft.

Der junge Erwachsene wird in unserer Gesellschaft heftig umworben, denn in dieser Lebensphase legt er fest, welchen

Lebensstil und damit welche Mode, welches Auto, welches Hobby, kurz: welches Konsumverhalten ihn in den nächsten Jahren bestimmen wird. Von der Kaufentscheidung dieser Altersgruppe hängt ab, was zum Trend in der übrigen Gesellschaft wird. Der junge Erwachsene wird deshalb auch als Trendsetter, als „Trendsetzer" der Gesellschaft bezeichnet. Er wird „in unserer Gesellschaft hauptsächlich als Subjekt des Konsums angesprochen."[2]

Kritisch hinterfragt auch Karl-Ernst Nipkow dieses Leitbild: „In unserer westlich-europäischen Kultur ist der Erwachsene im jungen bis mittleren Erwachsenenalter zum Ideal geworden. Wir verherrlichen das Lebensalter der höchsten biologischen Stärke und der beruflichen Produktivität. In Asien dagegen gilt die Weisheit der Alten als Maßstab des Lebenslaufs. Im Neuen Testament stellt Jesus ein Kind in die Mitte der Jünger, damit sie von ihm lernten – eine unerhörte Umkehr aller unserer gewohnten Maßstäbe."[3]

2. Die Lebensform bestimmt das Leben

Im folgenden werden die häufigsten Lebensformen von jungen Erwachsenen kurz beschrieben, da die konkrete Situation des einzelnen wesentlich von seiner Lebensform abhängig ist.

a) Singles

Singles gelten geradezu als klassische Erscheinung der jungen Erwachsenenkultur. Absoluten Zeitgeistmuffeln, die einen „Single" immer noch für die Miniausgabe einer Langspielplatte halten, sei kurz erklärt, daß wir in diesem Zusammenhang Personen meinen, die einen 1-Personen-Haushalt führen. In Großstädten bilden die 1-Personen-Haushalte bereits statistisch die größte Gruppe. In Frankfurt beispielsweise gab es bereits 1987 49,4% 1-Personen-Haushalte, 27% 2-Personen-Haushalte und nur 23,6% 3- oder mehr Personen-Haushalte. In den Städten ist die Familie bereits zur Ausnahme geworden, die Single-Existenz zur Regel. Die freie Zeitgestaltung, berufliche Mobilität, keine soziale Kontrolle und gute Voraussetzungen für eine fast ungehinderte Selbstverwirklichung sind die großen Chancen der Single-Existenz. „Ein Leben ohne Restrisiko" nennt der „Wiener"[4] einmal die Single-Existenz.

Andererseits stehen Singles oft vor dem tiefen Abgrund der Vereinsamung. Sie befinden sich auf der ständigen Partnersuche, obwohl die Mehrheit von ihnen bereits enttäuschende Partnerschaftserfahrungen hinter sich hat. Die Singles wollen „das Glück, doch nicht das Leid, sie wollen die Nähe, doch nicht die Verantwortung, sie wollen die Zuwendung, aber nicht das Risiko.... Sie sind ein Sozialfall der Liebe..."[5]

Das Auseinanderfallen von Arbeits-, Wohn- und Freizeitwelt, das unser Leben grundlegend verändert hat, findet in der Lebensform des Singles seine Zuspitzung.

b) Alleinerziehende

Von den 400.000 Ehen, die jedes Jahr in der Bundesrepublik Deutschland geschlossen werden, scheitert etwa ein Drittel in den ersten acht Ehejahren. Viele erleben so Eheschließung und Ehescheidung in der Lebensphase des jungen Erwachsenen. Der Preis für das Scheitern des ersten Lebensentwurfes ist meist hoch: durch den Unterhalt wirtschaftlich zugrunde gerichtete Väter; Frauen, die auf Jahre hinaus auf die Ausübung ihres Berufes verzichten und erhebliche Einschränkungen ihrer Freizeitmöglichkeiten hinnehmen müssen. Und dann natürlich Kinder, die mit nur einem Elternteil aufwachsen müssen. Selbst wenn Mann und Frau das Scheitern ihrer Beziehung nicht auf dem Rücken der Kinder austragen und sich gegenseitig arrangieren, bleibt eine Unzahl von Problemen: von der Wohnungs- und Jobsuche bis hin zu der persönlichen Tragödie, daß einmal gegenseitig geschenktes Vertrauen zerbrochen ist und man vor den Trümmern des ersten

Lebensentwurfes steht. Durch die meist schwierige finanzielle Situation wird ein Neuanfang erheblich erschwert, der Weg ins gesellschaftliche Abseits scheint vorgezeichnet.

c) Paare ohne Kinder

Paare, die mit oder ohne Trauschein einen Haushalt ohne Kinder führen, nennt man „Dinks" („Double income, no kids": doppeltes Einkommen, keine Kinder). Diese Lebensform ermöglicht einen hohen Lebensstandard und höchste Mobilität. Auch eine befriedigende Rollenverteilung von Mann und Frau erscheint hier am einfachsten. Für Paare, die keine Kinder bekommen können oder wollen, ist diese Lebensform ein Dauerzustand; für andere wiederum ist diese Lebensform eine vorübergehende, die vor allem vor dem Hintergrund einer wirtschaftlichen Grundlage für die spätere Familie zu sehen ist.

d) Junge Familien

Der Wunsch nach gemeinsamen Kindern führt die meisten Paare zum Standesamt. Nach einigen Partner-, Wohnort- und Berufswechseln steht der Kinderwunsch meist im Zusammenhang mit der ersehnten Stabilität eines größeren Lebensentwurfs. Junge Erwachsene, die ihre Kinder passend zur Wohnungseinrichtung und dem persönlichen Outfit gezeugt und großgezogen haben („Designer-Kinder"), entdecken plötzlich in der Begegnung mit ihren heranreifenden Kindern ihre eigene (verkrüppelte) Gefühlswelt. Die natürliche Spontaneität des Kindes wird plötzlich verehrt wie der letzte „unberührte Urwald". Junge Erwachsene erleben so ihre Kinder als eine Art „Eisbrecher" gegen die Kälte und Hektik des Berufs- und Alltagslebens.

Trotz dieser fast philosophischen Überhöhung des Kindes sehen sich Mann und Frau plötzlich vor viele banale Probleme gestellt: Ein Partner, in der Regel ist es immer noch die Frau, muß den Beruf teilweise oder zeitweise aufgeben. Freunde, die keine Kinder haben, ziehen sich zurück, nicht nur wegen der nervigen Geräuschkulisse. Bisher als normal eingestufte Freizeitangebote wie gemeinsame Kino-, Theater- oder Restaurantbesuche bekommen den Rang des Exklusiven, da die Organisation eines Babysitters „einfach zuviel Action" ist. Mann und Frau erleben sich nun nicht nur als Partner, sondern auch als Mutter und Vater. In der Auseinandersetzung mit Erziehungsfragen kommt es nun zu einer bisher nicht gekannten Auseinandersetzung mit der eigenen Erziehung und dem eigenen Elternhaus.

Weil Kinder eine Art von „natürlichem Timing" mit sich bringen, ändert sich auch der gewohnte Lebensrhythmus. Ein Kind macht auch den größten Nachtschwärmer zum Frühaufsteher. Kurz: nichts bleibt, wie es ist! Die veränderte Lebensform verändert die Konsumgewohnheiten, das Freizeitverhalten, den Freundeskreis, den Werterahmen. Die Kinder stehen für einen entscheidenden Lebenseinschnitt, für den Beginn einer neuen Lebensphase, der mit einer völligen Umorientierung des jungen Erwachsenen verbunden ist.

e) Wohngemeinschaften

Zu einer echten WG-Kultur gehören: unabgewaschene Geschirrberge, achtlos zurückgebliebene Putzpläne, unbezahlte Telefonrechnungen, komplizierte Beziehungskisten und endlos im Kreis sich drehende nächtliche Diskussionsrunden. Und trotzdem: junge Erwachsene mögen diese Lebensform, denn hier wird versucht, die Vorteile der Single-Existenz mit den Vorteilen der Familie (unter Vermeidung der jeweiligen Nachteile) zu verbinden. Man ist unabhängig, und es ist eben doch jemand zu Hause, wenn man heimkommt.

Die Lebensform der Wohngemeinschaft galt ursprünglich als Protesthandlung gegen die bürgerliche Familie im Zuge der 68er-Studentenrevolte. Sie war als alternative Lebensform geplant und hat sich längst etabliert. Matthias Horx, einer der wenigen selbstkritischen Vertreter aus dieser 68er-Bewegung, bezeichnet „die Etablierung der Wohngemeinschaften als die einzige wirkliche grundlegende Veränderung der Studentenrevolte"[6]. Heute werden Wohngemeinschaften weitgehend unter wirtschaftlichen Gesichtspunkten und einer sich verstärkenden Wohnungsnot gebildet. Für viele junge Erwachsene ist die Wohngemeinschaft ein geradezu ideales Übungsfeld für Toleranz und gemeinsames Leben.

f) Leben im Elternhaus

Warum eigentlich der ganze Streß mit Beziehungskisten, Wohnungssuche, Wäsche waschen, Auto und Fernseher anmelden, wenn es dies alles zu Hause viel billiger und einfacher gibt? Diese schlichte Frage bewegt die meisten sehr jungen Erwachsenen, die diese Lebensform gewählt haben. Nur wenige bleiben zu Hause, um im elterlichen Betrieb mitzuarbeiten oder gar bewußt in einer Gemeinschaft mit den Eltern zu leben. Das vielfach zitierte Motto „mach dir keinen Streß" findet seinen direkten Ausdruck in dieser Lebensform. Solch ein weitgehend selbständiges Leben zu führen, ohne dafür den wirtschaftlichen und zeitlichen Preis zu bezahlen, erscheint immer mehr jungen Erwachsenen als eine geeignete Lebensform. „Kinder, wollt ihr ewig kleben?" spottete einmal Matthias Horx über solche jungen Erwachsenen.

These

Lebensformen werden von jungen Erwachsenen als Lebensmodelle verstanden. Von jeder Lebensform her entstehen die Probleme und Nöte, aber auch die Hoffnungen, Träume und das Lebensgefühl des jungen Erwachsenen. In der Arbeit mit jungen Erwachsenen werden sich deshalb generalisierende Modelle verbieten. Vielmehr braucht es differenzierte Angebote, die im kleinen Rahmen stattfinden und die den einzelnen jungen Erwachsenen in seiner jeweiligen Lebensform wirkungsvoll ansprechen können.

3. ABC der Begegnungsfelder

farben auf dem asphalt
wasser schlägt ins gesicht
mut wird sich angesungen
nächtelang nachgedacht
jahrelang überwacht
tausendmal aufgegeben
alles falsch gemacht
jetzt oder nie

Herbert Grönemeyer

Darf ich Sie mitnehmen ins Land der jungen Erwachsenen? Wie es sich gehört, in alphabetischer Reihenfolge:

Abenteuer sind selten geworden. Deshalb gibt es nach dem Wellensurfen, dem Drachenfliegen und dem Tiefspringen am Gummiseil auch noch das Bergwandern in Nepal, Motorradfahren in der Sahara und natürlich die „Camel-Tour“ durch Peru. In den **Boutiquen** werden nicht nur Kaschmir-Pullis und Boss-Sakkos verkauft, sondern hier wird auch festgestellt, ob man ein „Frühlingstyp“ oder ein „Herbsttyp“ ist und wird entsprechend beraten und eingekleidet. Hier wird vor allem Lebensart verkauft. Accessoires und die freundliche Empfehlung für einen bestimmten Friseur („Jung-Stylisten“) gehören zum guten Service einer Boutique.

Die **Fitneß-Welle** macht's möglich: Im Sportstudio hüpft die Studentin Seite an Seite mit dem Verwaltungsangestellten zum Disko-Sound, in der Thai-Shi-Schule kann die Kunst der langsamen Bewegung trainiert werden. In Erlebnisbädern mit japanischer Sauna, Kraftraum und Einführung in die japanische Fingerdruckmassage wird eine neue Körperlichkeit entdeckt und gepflegt. Auch die **Gastronomie** verdankt ihren Boom den jungen Erwachsenen: Abgesehen vom Frühstück findet die Nahrungsaufnahme außerhalb der Wohnung statt. „Laß uns beim Essen darüber reden“ ist eine gängige Redewendung für Gelegenheiten, an denen die besten Ideen, die dicksten Clous und die entscheidenden Einfälle geboren werden.

Während sich zu Hause die Teenager die Videos vom Papa reinziehen, trifft man die 20-30jährigen wieder im **Kino**. Filme wie „Harry und Sally", „Ein Fisch namens Wanda" und „Sex, Lügen und Video" sind Kultfilme der jungen Erwachsenengeneration, aus deren Drehbüchern ganze Erzählabende bestritten werden. In **Konzerten** von Udo Lindenberg, Herman van Veen und Konstantin Wecker werden die Themen junger Erwachsener angesprochen und mit bestimmten Bühnenritualen zelebriert. Unter dem Motto „Alles ist **Kultur**" trifft man junge Erwachsene beim spanischen Experimentiertheater im alten Eisenbahndepot, bei der Jazz-Matinee oder bei der selbstinitiierten Ausstellung des Seidenmalkurses.

In den **Medienmärkten** (früher „Buchhandlung" genannt...) steht der junge Erwachsene etwas hilflos vor den Literaturregalen mit Esoterik und Lebenshilfe. Mit diesem Supermarkt der Ideologien macht der Buchhandel mittlerweile bereits 10% seines Jahresumsatzes. **Reisen** bildet und ist auch am Wochenende eine nette Abwechslung zum Büroalltag. Paris, Rom, Prag und neuerdings auch Leipzig und Dresden sind beliebte Ziele für spontane Wochenendtrips. Nicht nur sozial oder psychisch schwache junge Erwachsene trifft man in den **Spielhallen**. Endlich 18 geworden, führt die neue Freiheit oft genug in eine Spielsucht mit katastrophalen wirtschaftlichen und seelischen Folgen. Beziehungen zu Computern und Flipperautomaten gelten als einfacher als komplizierte zwischenmenschliche Verhältnisse.

Im **Spielkreis** für Kleinkinder wie auch beim Elternabend des Kindergartens begegnet man jungen Erwachsenen, die auf Grund ihrer neuen Lebensform offen für neue Kontakte sind. Nach dem ersten selbstorganisierten Second-Hand-Markt mit Babykleidung steht einer Erweiterung des Freundeskreises nichts mehr im Wege. In zahlreichen **Szeneblät-**

tern wie „Ketchup" oder „Sperrmüll", die im Gewand kostengünstiger Kleinanzeigen daherkommen, können wir unter der Sparte „Kontaktsuche" laute Hilfeschreie einer vereinsamten Single-Kultur entdecken. In den örtlichen **Szenetreffpunkten** – wie Kneipen, Jazz-Clubs, Diskos, Galerien – finden junge Erwachsene eine neue Heimat und in Form der Clique eine neue Familie. Wer dieser „Tyrannei der Intimität"[7] entfliehen will, meldet sich an bei einem Kurs der **Volkshochschule**. Hier trifft man die berufstätigen jungen Erwachsenen oder die Hausfrauen bzw. Hausmänner. Neben der Fortbildung in Sprachen und Computerkursen rücken auch hier die Themen der Lebenshilfe stärker in den Vordergrund. Neue Kontakte und Beziehungen entstehen nicht selten auf Grund einer Kursgemeinschaft.

An den überfüllten **Universitäten** und Hochschulen werden junge Erwachsene mehr oder weniger gründlich ausgebildet. Mehr als die Hälfte aller Studenten studiert nicht das eigentlich von Interesse und Neigung her gewünschte Fach. Die Unis und Hochschulen werden als Massenbetrieb erlebt, bei dem es ums nackte Überleben geht. Fast ein Drittel aller Studenten studiert mit der Aussicht, nach Abschluß des Studiums keinerlei Chancen für eine Anstellung im studierten Bereich zu bekommen.

Obwohl bei so vielen Freizeitangeboten der junge Erwachsene kaum zu Hause anzutreffen ist, steht das **Wohnen** mit Stil hoch im Kurs. Ob nun ein IKEA-Regal an der Wand steht, dazu die Holzkommode von Oma, oder die teuren Design-Möbel mit neuester HiFi-Technik – wichtig ist nur, daß erkennbar ist: das ist mein Stil!

Und schließlich leben junge Erwachsene mit **Zeitschriften**. Obwohl „Wiener", „Tempo", „Cosmopolitan", „Coupé", „Pflasterstrand" usw. unterschiedliche Akzente setzen, gemeinsam ist ihr Thema: Lebensstil. Selbst politische Probleme und Beziehungskisten werden unter dem Aspekt des „Lebens-Designs" abgehandelt. Alles wird eine Frage des Stils, mit dem ich meine Persönlichkeit ausdrücken möchte.

4. Auf der Suche nach dem eigenen Lifestyle

Die Suche nach Wertmaßstäben und einem Orientierungsrahmen äußert sich bei jungen Erwachsenen heute in einer Sehnsucht nach dem eigenen Lebensstil. Junge Erwachsene übernehmen einen Orientierungsrahmen für ihr Leben eher unbewußt als bewußt durch das Hineinwachsen in einen konkreten Lebensstil. Lifestyle-Entwürfe erzeugen bei jungen Erwachsenen ein „Wir"-Gefühl und bieten ihnen gleichzeitig einen Rahmen, um Individualität auf eine neue Weise auszudrücken. Die einzelnen Lebensstile grenzen sich voneinander ab durch den Kauf von bestimmten Produkten, das Feiern von bestimmten Ritualen und die Fixierung auf ein bestimmtes Outfit. Grob vereinfacht werden dem jungen Erwachsenen in unserer Gesellschaft drei unterschiedliche Lifestyle-Entwürfe angeboten:

a) Die Aufsteiger: Yuppies

1984 erschien in New York „The Yuppie-Handbook" von Maressa Piesman und Marylee Hartly. Begierig wurde dieses Wort von den deutschen Medien aufgegriffen, um einen angeblichen Wertewandel der Jugend nach der Kohlschen Wende zu dokumentieren: „Die Yuppies kommen" (STERN 1984), „Der Bart ist ab, die Jeans passé" (Rheinischer Merkur 1985), „Yippie, Yuppie, Yeah" (Die ZEIT 1987). Der SPIEGEL warnte bereits 1987 vor einer „Yuppiesierung der Großstädte" und spottete später über das Lebensgefühl junger Menschen mit der Schlagzeile „Born to shop" (1/91).

Die Lebenswelt der Yuppies („Young urban professionals": junge, in der Stadt lebende Berufstätige) kann man mit den Stichworten „Konsum und Karriere" beschreiben: „Life is business and fun." Durch die totale Leistungsbereitschaft im Beruf, so die Botschaft, ist das schöne Leben, wie es uns die Werbung vor Augen malt, durchaus möglich. „Jeder ist seines Glückes Schmied", nannte man diese Lebenseinstellung früher. Die gesellschaftliche Verantwortung wird nur wahrgenommen, wenn sie der eigenen Karriere dienlich ist. Ansonsten bleibt der Rückzug ins private Glück. Unter der Überschrift „Yuppies in Deutschland" schreibt die Frankfurter Rundschau 1986: „Der edle Yuppie schätzt alles, was das Leben wert und teuer macht, all die schönen Dinge und Klamotten, die das richtige Marken- und Stammeszeichen tragen... Yuppies lieben die Ausstattung, das Inszenierte: den Circus Roncalli, die Zimmerpalme, ein Feuerwerk von André Heller, den Freischwingersessel, den wildgemusterten Pullover aus dem italienischen Designerhaus... Der Yuppie, das muß man ihm lassen, hat ein Gefühl für Qualität. In der allgemeinen Verunstaltung hält er sich selbst für einen besonders gelungenen Entwurf. Braungebrannt auch im Winter, voller Lebensmut, wenn andere ihn schon sinken lassen, so protestiert er durch seine Erscheinung – korrekt gekleidet und selbstverständlich im Rahmen des Bestehenden – gegen den Niedergang unserer Zeit: den schlechten Geschmack, die Banalität des Daseins, die Stillosigkeit der Epoche... Yuppies lieben die Welt, wie sie ist, die Konsumgesellschaft paßt ihnen wie auf den Leib geschneidert. Im Gegensatz zur Protestgeneration früherer Jahre hat das Wort ‚Kapitalismus' in ihren Ohren keinen schlechten Klang... Die Zentren des neuen Lebensgefühls sind in der Bundesrepublik Deutschland Frankfurt am Main und München... Yuppies geben diesen Städten mehr radikalen Schick, als es die altgediente Schickeria je konnte. Von den jungen Aufsteigern leben die Konzerthäuser und Diskotheken, die Bars und Restaurants, die Kinos und Boutiquen... Karriere ist dabei durchaus nicht alles. Das Leben muß auch gesund sein, schön und drogenfrei. Yuppies waren es, die das Nichtrauchen gesellschaftsfähig und das gesunde Leben zum Welttrend machten. Jogging, Fitness-Center und Squash sind ihre Erfindungen. Yuppies haben eine rosige Haut und selten Ringe unter den Augen, sie tun alles, um ihre Arbeitskraft und ihre Jugend zu erhalten... Der Yuppie ist der Aufsteiger schlechthin, seine Generation ist bereit, die Macht zu übernehmen, statt sie zu kritisieren."[8]

b) Die Umsteiger: Alternative und Ökos

Dieser Lifestyle-Entwurf ist geprägt von einer Suche nach Alternativen und neuen möglichen Lebensmodellen. Viele Impulse verdankt dieser Lebensstil der 68er-Studentenrevolte und mancherlei Lebens- und Arbeitsformen, die damals entstanden sind. Politisches Engagement in Basisgruppen zu Themen wie Ökologie, Friedenssicherung, soziale Randgruppen, Frauenfragen, Menschenrechte gehören hier in gleicher Weise zum guten Ton wie bewußte Ernährung, ganzheitliche Medizin, individuelle und selbsthergestellte Kleidung, Batik und Seidenmalerei usw., kurz: das einfache und kreative Leben. Dieser Lebensentwurf ist geprägt von einer kritischen Grundhaltung gegenüber Technik, Fernseh- und Videokonsum, Institutionen und Anpassung in jeder Variation. Er ist angelegt als Gegenentwurf zur bürgerlichen Lebenswelt und ist deshalb geprägt vom Streben nach individueller Eigenverantwortung und kritischer Gesellschaftsanalyse.

c) Die Aussteiger: Punks und andere

Besondere Ausprägungen von Jugendkulturen wie Punks, Popper, Rocker, Grufties und Skinheads schaffen innerhalb einer nach außen abgegrenzten Szene mit bestimmten Ritualen und einem profilierten Outfit eine bewußte „Gegenwelt" zur übrigen Gesellschaft. Der Einfluß dieser Jugendkulturen auf den jungen Menschen bleibt nicht selten auf die Lebensphase des Jugendlichen (13-19) beschränkt. Mit Eintritt in die Lebensphase des jungen Erwachsenen werden diese Lifestyle-Angebote abgelöst oder zumindest stark relativiert. Lediglich der Lifestyle der Punks scheint für eine breitere Schicht auch im Lebensalter des jungen Erwachsenen noch von Bedeutung zu sein.

„Das bürgerliche Leben ist sinnlos. Man tut nur, was andere von einem wollen. Vielleicht ist auch mein Leben als Punk sinnlos, aber ich habe wenigstens nur das getan, was ich selber wollte, und war nicht immer fremdbestimmt" (ein Punk im Interview mit der ARD am 06.01.1991)

Die Punks pflegen eine „Inszenierung des Selbst als schockierende Kunstform"[9]. Unter Punks versteht man eine Protestbewegung junger Menschen, die durch provozierendes Auftreten und durch aggressiv-monotone Rockmusik gegen bürgerliche Normen und Langeweile in der modernen Gesellschaft aufbegehren. Die Punks entstanden Ende der siebziger Jahre in Großbritannien vor dem Hintergrund wirtschaftlicher und sozialer Krisen wie z.B. der Jugendarbeitslosigkeit. Durch kunstvoll gestaltete Frisuren, zerrissene oder geflickte Kleidungsstücke, durch Wange, Lippe oder Nase gestochene Sicherheitsnadel oder die obligatorische Ratte auf der Schulter signalisieren Punks ihre grundsätzliche Verweigerung gegenüber der Gesellschaft. Anarchistische Sprüche wie „Macht kaputt, was euch kaputt macht" sind eine Art Glaubensbekenntnis der Punks. Diese Protesthaltung bringt in der Regel mit sich, daß der Punk sich einem normalen beruflichen Leben verweigert und lediglich Gelegenheitsjobs annimmt. Der Punk verbindet seine Protesthaltung der Gesellschaft gegenüber mit der Ästhetisierung einer Gegenwelt aus seiner Perspektive.

These

Durch die Identifikation mit einem konkreten Lifestyle übernimmt der junge Erwachsene einen Orientierungsrahmen für sein Leben. Er identifiziert sich mit einem der drei geschilderten Lebensstile und reflektiert meist erst später, daß er damit auch einen Werterahmen übernommen hat.

Zwei entscheidende Einschränkungen sind hier allerdings zu berücksichtigen:

- Ein großer Teil der jungen Erwachsenen wird sich selbst nicht als typischen Vertreter eines der skizzierten Lebensstile verstehen. So gibt es eine ganze Reihe von jungen Erwachsenen, die mit dem Lebensentwurf der Alternativen sympathisieren, die Nachrichten von Greenpeace und Amnesty International bekommen, vielleicht sogar per Dauerauftrag treue Spender sind, aber nie auf die Idee kämen, sich selbst zu engagieren. Andererseits gibt es wahrscheinlich noch mehr junge Erwachsene, die mit dem Lebensentwurf der Yuppies sympathisieren, ihnen fehlen aber die beruflichen Möglichkeiten und die finanziellen Mittel, um diesen Lebensstil zu verwirklichen. Trotzdem bleibt ihr Leben nachhaltig bestimmt von diesen Orientierungsentwürfen, da sie bei diesen jungen Menschen als Lebensziele und Ideale gelten können, die es zu verwirklichen gilt.

- Vermutlich werden in den 90er Jahren immer mehr Erwachsene versuchen, den Lifestyle der Yuppies *und* der Alternativen miteinander zu verbinden: das schöne Leben genießen *und* soziale Verantwortung zeigen, Computer und High-Tech beherrschen *und* die Umwelt schonen, den eigenen Stil entwickeln *und* einfach leben. So schreibt das „Frankfurter Journal" in einem Portrait über die neue Generation: „Die jungen Erwachsenen in den Städten schikken sich an, aus der Balance zwischen emanzipatorischen Ansprüchen einerseits, der Lebens- und Konsumlust andererseits eine Lebensform mit Stil und moralischen Qualitäten zu entwickeln."[10]

Egal, wie sich die Trends auch entwickeln: Ohne die Geschichte und die Bedeutung von Lifestyle-Entwürfen werden junge Erwachsene nicht zu verstehen sein. Gewinnen kann man junge Erwachsene nur, indem man sie durch einen konkreten Lebensstil anspricht. So gewinnen heute junge Erwachsene vorrangig durch glaubwürdig gelebtes Christsein einen Zugang zum Glauben.

II. Mit jungen Erwachsenen über den Glauben reden

Womit bekommt man zu tun, wenn man mit dem Evangelium zu tun bekommt?

1. Nichts ist gleichgültig. Ich bin nicht gleichgültig.
2. Alles, was wir tun, hat unendliche Perspektiven,
   Folgen bis in die Ewigkeit; es hört nichts auf.
3. Es bleibt nichts vergessen.
   Es kommt alles noch einmal zur Sprache.
4. Wir kommen aus dem Licht und gehen ins Licht.
5. Wir sind geliebter, als wir wissen.
6. Wir werden an vernünftig hohen Maßstäben gemessen.
7. Wir sind in einem Lauf nach vorne mitgenommen,
   der uns den Atem verschlägt;
   Sünde = nicht mitkommen;
   Bitte um Vergebung = deswegen nicht abgehängt werden.
8. Es geht nichts verloren.
9. Die Philosophen sprechen von der Suche nach Gott;
   aber das ist, wie wenn man von einer Suche der Maus
   nach der Katze spräche.
   Wir sind auf der Flucht,
   und es wird uns auf die Dauer nicht gelingen.
   Es wird zu unserem Glück nicht gelingen.
10. Wir sind nicht allein.
11. Wir sind nicht allein.
12. Dieses Leben ist ungeheuer wichtig.
13. Die Welt ist herrlich, die Welt ist schrecklich.
14. Es kann nichts geschehen. Ich bin in größter Gefahr.
15. Es lohnt sich zu leben.

Helmut Gollwitzer

Gespräche, die den Charakter von verändernden Begegnungen haben, stehen bei jungen Erwachsenen hoch im Kurs und gelten unabhängig von den unterschiedlichen Lebensstilen als Ausdruck höchster Lebensqualität. Ein Blick in das Neue Testament zeigt weiterhin, daß gerade in den Gesprächen Jesu (und nicht in seinen Reden oder durch seine Wunder) Menschen dem Evangelium begegnen und dabei lebensverändernde Erfahrungen machen. Das Gespräch ist im Neuen Testament die Hauptform der Evangelisation. Wer junge Erwachsene zum Glauben einlädt, ist deshalb gut beraten, wenn er dabei dem Gespräch einen hohen Stellenwert zukommen läßt. Dieses Kapitel möchte Christen eine Hilfe sein, „gesprächsfähig" zu werden, um mit jungen Erwachsenen in ein offenes Gespräch zu kommen.

1. Zwischen Sender und Empfänger: Was kommt an?

Wer im Lexikon unter „Gespräch" nachschlägt, erhält die Auskunft, ein Gespräch sei „ein mündlicher Austausch von Gedanken zwischen zwei oder mehreren Personen". Vereinfacht ist zwischenmenschliche Kommunikation auf einen Grundvorgang zu reduzieren: Person A (Sender) gibt eine Nachricht an Person B (Empfänger) weiter. Er vermittelt seine Nachricht durch Sprache, Tonfall, Mimik, Gestik und andere Körperbewegungen. Wenn gesendete und empfangene Nachricht übereinstimmen, reden wir von gelungener Kommunikation. Es kommt also wesentlich darauf an, *wie* etwas gesagt wird. In dem Wie einer Nachricht stecken noch einmal viele kleine Botschaften, die wir bewußt oder unbewußt unserem Gesprächspartner mitteilen. Ein Psychologe, Friedemann Schultz von Thun, hat einmal vier Dimensionen eines Gespräches aufgezeigt:
Die erste Dimension des Gespräches ist die der Sachinformation (Was sage ich? Worüber informiere ich?). Wer ein Gespräch über den Glauben führt, wird also seinen Gesprächs-

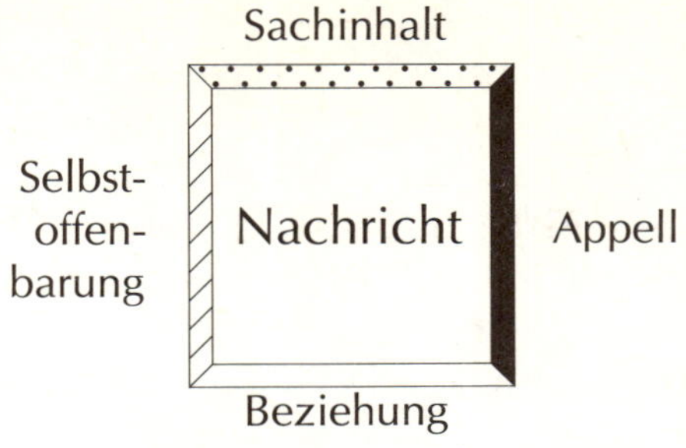

partner über die „gute Nachricht" informieren. Die „Selbstoffenbarung" ist die zweite Dimension des Gespräches: In jeder Nachricht stecken nicht nur Informationen über die mitgeteilten Sachinhalte, sondern auch über die Person des Senders: „In jeder Nachricht steckt ein Stück Selbstoffenbarung des Senders. Ich wähle den Begriff der Selbstoffenbarung, um damit sowohl die gewollte Selbstdarstellung als auch die unfreiwillige Selbstenthüllung einzuschließen."[11]

Gerade im Gespräch über den Glauben sind Gesprächspartner besonders sensibel dafür, wie Christen sich selber sehen. Viele Christen zeigen sich unbewußt in solchen Gesprächen als moralisch anständig und unanfechtbar und verlieren gerade dadurch die Grundlage für ein offenes Gespräch.

„Aus der Nachricht geht weiter hervor, wie der Sender zum Empfänger steht, was er von ihm hält. Oft zeigt sich dies in der gewählten Formulierung, Tonfall und anderen nichtsprachlichen Begleitsignalen. Für diese Seiten der Nachricht hat der Empfänger ein besonders empfindliches Ohr; denn hier fühlt er sich als Person in bestimmter Weise behandelt oder mißhandelt."[12] Auch im Gespräch über den Glauben kommt der „Beziehungsebene" eine große Bedeutung zu. Wer ist für mich der andere? Ist er für mich ein Klient, ein Fall? Dann bin ich der Richter, der entscheiden müßte, wo er steht. Oder sehe ich ihn gar als eine Art Patient, und ich könnte dann der Doktor sein? Der Arzt, der je nach Diagnose an ihm herumdoktern könnte und ihm – je nachdem, aus welchem christlichen Lager ich selber komme – die entsprechende Medizin verabreicht? Oder ist er für mich im strengen Sinne ein Außenstehender, einer, der noch nicht eingeweiht ist in die Geheimnisse des Glaubens und den wir nun hineinführen dürfen in die Welt unserer theologischen Lieblingsgedanken? Oder ist er für mich nur ein Missionsobjekt, das es zu drängeln, zu manipulieren oder gar zu bekehren gilt? Oder versuche ich, meinen Gesprächspartner aus der Perspektive Gottes zu erkennen, indem ich mir bewußtmache, daß er ein wirklich gewordener Gedanke Gottes ist?

„Kaum etwas wird nur so gesagt – alle Nachrichten haben die Funktion, auf den Empfänger Einfluß zu nehmen."[13] Der Appell (Was möchte ich bewirken?) gehört ebenfalls zum Gespräch. Vielleicht ist dies sogar der sensibelste Punkt im Gespräch über den Glauben. Der andere spürt sofort: Will der mich bekehren und damit drängeln, daß ich so werde wie er? Oder will er mich einladen, Mut machen für einen Weg, mit dem er selber gute Erfahrungen gemacht hat?

Nur wer sich als „Sender" darüber im klaren ist, wieviel sein Gesprächspartner verfälscht wahrnimmt oder gar nicht wahrnimmt, ist ein guter Gesprächspartner, indem er immer wieder aufrichtig zurückfragt und dabei Zuhören lernt.

2. Grundstrukturen für das Gespräch über den Glauben

„Das Leben eines jeden Menschen
ist ein von Gott geschriebenes Märchen."

Hans Christian Andersen

a) Persönlich erzählen

Gute Gesprächspartner sind bereit, sich mit ihrer ganzen Person in ein Gespräch einzubringen. Indem ich mich öffne und von meinem Leben erzähle, beginne ich mein Leben mit meinem Gesprächspartner zu teilen. In einer offenen Beziehung wird mein Gesprächspartner sich auch dafür interessieren, warum ich über Mode, Politik, Beruf und Familie usw. eben so denke und nicht anders. Gerade hier haben persönliche Erfahrungen auf dem Weg des Glaubens ihren natürlichen Ort. Das Erzählen vom Glauben wird psychologisch gesprochen als „Ich-Botschaft" formuliert. Also: *Ich* glaube an Christus, *mir* bedeutet die Bibel..., das Gebet ist *mir* eine Hilfe, weil... Durch diese Relativierung ist es dem jungen Erwachsenen möglich, das Gespräch über den Glauben als einen Dialog zu erleben.

Gespräche über den Glauben leben von der Erzählung. Erzählen Menschen davon, wie sie Gott als den Autor ihrer Lebensgeschichte erfahren haben, so entsteht vor dem inneren Auge ihres Gesprächspartners ein Lebensmodell, das von seiner inneren Mitte her interessant wirken kann: „Ich mache mit Ausländerkindern Hausaufgaben, weil Gott alle Menschen gleich liebt." „Ich kann meinem Ehepartner den ‚Seitensprung' vergeben, weil Christus mir vergeben hat." „Ich fahre möglichst wenig Auto und sortiere den Müll, weil Gott, der Schöpfer, den Regenbogen in die Wolken gesetzt hat" usw. Die „großen Taten Gottes" (Heilsgeschichte) werden von jungen Erwachsenen am besten verstanden, wenn sie im Kontext des persönlichen Lebens erzählt werden (vgl. auch die Überlegungen zum Thema „Talkshow" Seite 61ff.).

Das Gespräch über den Glauben ist geprägt vom Erzählen, weniger vom Argumentieren. Einer intellektuellen Auseinandersetzung über Schöpfung, Auferstehung, Tod usw. fehlt die Wärme einer persönlichen Beziehung, sie führt in der Regel nicht zu einem Gespräch, sondern zu einem Streit. Argumente können ihre Bedeutung darin haben, den Gesprächspartnern die Möglichkeit zu geben, „Zweifel an seinen Zweifeln" (Karl Heim) zu bekommen.

Menschen gewinnt man durch Menschen, die ihr Leben mit anderen teilen. Das ist die „Methode" Gottes.

b) Tolerant im Dialog

Für viele Christen sind die Worte „Dialog“ und „Toleranz“ wie ein rotes Tuch. Immer wieder höre ich, bei der Verkündigung des Evangeliums wäre für Toleranz und Dialog kein Platz, der Gesprächspartner müsse sich eben entscheiden...! Im Hintergrund steht wohl die (im übrigen berechtigte) Sorge, die Einzigartigkeit Jesu (Joh. 14,6) müsse in einem Dialog aufgegeben werden. Ich verstehe solche Einwände. Aber stehen Mission und Dialog wirklich im Widerspruch zueinander? Ich persönlich bin überzeugt: Das Gespräch über den Glauben ist mit jungen Erwachsenen nur in Form eines toleranten Dialoges möglich.

Ein Dialog meint ja nicht nur einen quantitativ ausgewogenen Informationsaustausch („Jeder erläutert seinen Standpunkt“), sondern er besteht auch im qualitativen Sinne in einer gleichwertigen Partnerbeziehung. Als Christ weiß ich: Auch mein Gesprächspartner, welches Gottesbild er auch immer mit sich herumschleppt, ist ein von Gott geschaffenes Original! So wie mein Gesprächspartner redet, fühlt, lacht, denkt und aussieht, so tut das eben nur einer auf der Welt. Jeder Mensch ist ein wirklich gewordener origineller Gedanke Gottes! Jeder Mensch hat seine Geschichte mit Gott. Auch wenn es nur die aus der Kinderbibel vorlesende Oma war, ein „gläubiger“ Religionslehrer, die Begegnungen mit dem Freund, der den Schüler-Bibelkreis besuchte oder die eindrucksvolle Predigt bei einer Beerdigung: Jeder Mensch hat eine Geschichte mit Gott und verdient deshalb, als gleichberechtigter Gesprächspartner ernst genommen zu werden.

Auch das Wort „Toleranz“ bereitet vielen Kopfzerbrechen. Bedeutet Toleranz nicht die Preisgabe einer allgemeingültigen Wahrheit?

„Toleranz“ kommt von dem lateinischen Wort „tolerare“, was soviel heißt wie „tragen, ertragen“. Damit ist eine „aktive Bereitschaft, sich Lasten aufpacken zu lassen“[14] gemeint. Toleranz hat also von seiner Wortwurzel her ebensowenig mit „Laisser-faire“ zu tun wie mit dem vielzitierten „Jeder nach seiner Fasson". Der Akzent der Toleranz liegt auf dem Bemühen, die Last einer Begegnung auf sich zu nehmen, bei der die Gesprächspartner verschiedene Positionen beziehen, diese engagiert vertreten und gleichzeitig einander als Personen achten. Nach diesem Verständnis können prinzipielle Skeptiker und Verächter jeder Wahrheitssuche gerade nicht tolerant sein. Tolerant sind Gesprächspartner, die gegensätzliche Überzeugungen vertreten und trotzdem ihre Beziehung in partnerschaftlicher Atmosphäre gestalten können. Es geht um die Bejahung der Person, auch bei unvereinbaren Standpunkten in der Sache. „Ein toleranter Gesprächspartner wird also auch bei einem umstrittenen Es (Sache) ein bejahtes Du (Person) durchhalten."[15] Eine in diesem Sinne tolerante Beziehung ermöglicht erst ein angstfreies Eingehen auf die Position des anderen. Ein Dialog hinterläßt weder Sieger noch Besiegte, sondern veränderte Menschen.

Mission und Dialog, Glauben und Toleranz brauchen einander:

- Die Identität eines Christen hängt an Jesus Christus. Sein Leben, sein Sterben und sein Auferstehen, seine ganze Geschichte hat alle Menschen im Blick. Er ist gerade nicht nur für ein Volk, für die besonders Frommen oder gar nur für die Europäer gekommen, sondern für alle Menschen. Deshalb – bezieht ein Christ wirklich seine Identität von Christus – kann er gar nicht anders: er muß, so wie ein Verliebter seine Liebe nicht verheimlichen kann, von seinem Glauben reden, und dabei kann er keinen Menschen ausschließen. Redet ein Christ einladend vom Glauben, so begibt er sich damit offen in eine Begegnung und zeigt dem anderen, was für sein Leben von elementarer Bedeutung ist. Diese Haltung erfordert *kein* Abweichen von der Überzeugung, daß Jesus Christus einzigartig ist. Das Wahrheitsverständnis Jesu erlaubt, ja erfordert eine grenzenüberschreitende Nähe und Offenheit zu anderen Menschen.

Wer das missionarische Anliegen aufgibt, ist dabei, seine Identität als Christ zu verlieren. Christ sein heißt Zeuge sein!

- Der Glaube ist seinem Wesen nach unverfügbar und ein Geschenk Gottes. Christen glauben, weil sie auf die Anrede Gottes geantwortet haben. Der Glaube ist also immer schon Antwort auf die Anrede Gottes. Deshalb kann sich ein Christ ungezwungen auf einen Dialog einlassen in der Hoffnung, daß Gott selbst einen Menschen durch ein Gespräch verändern kann.

- Nur der Dialog bietet die optimale Möglichkeit, das Evangelium in die Lebenssituation des jungen Erwachsenen zu übersetzen. Je mehr ich den Weg, nicht nur gedanklich, mit meinem Gesprächspartner gehe, desto besser werde ich ihn kennenlernen und um so konkreter kann ich ihm die gute Nachricht Gottes in seiner Lebenssituation zusprechen.

- Der Dialog ist ein treffendes Bild für die „Missio dei“. Gott bleibt nicht bei sich – er liebt, d.h. er tritt aus sich heraus und möchte mit uns gehen. Indem Gott Mensch wird, wird er Vorbild für den Dialog. So weit denkt er sich in den Menschen hinein, daß er für eine bestimmte Zeit menschliche Gestalt annimmt. Dabei ist er „tolerant“ und missionarisch zugleich. Er liebt den Sünder (bejahtes Du) und lehnt die Sünde ab (umstrittenes Es). Durch diese Toleranz gewinnt er die Menschen für die Gemeinschaft mit dem Vater.

- Auch für Christen gilt das Wort Martin Bubers „Der Mensch wird am Du zum Ich“. Identitätsgewinn erhält ein Christ nicht nur aus der Gottesbeziehung und der Beziehung zu Schwestern und Brüdern, sondern gerade auch in einem offenen Dialog, das heißt in der Begegnung mit nichtglaubenden Menschen. Nicht selten werden Christen nach solchen Gesprächen in der Mitte ihres Glaubens gewisser und

– was die Konsequenzen des Glaubens angeht – vorsichtiger. Ein Dialog, in dem sich ein Christ verändert, kann zu einer großen Bereicherung für sein eigenes Leben werden. Wer einen anderen Menschen liebt, wird einen Teil seines Lebens mit ihm teilen und sich dabei verändern. Diese Veränderung als Identitätsgewinn und nicht als Gefährdung der Identität zu begreifen, ist eine bleibende Herausforderung für das Gespräch über den Glauben mit jungen Erwachsenen.

c) Ganzheitliche Vermittlung

Das Gespräch über den Glauben kann nicht auf den verbalen Austausch von Nachrichten begrenzt werden. Wir verdanken den Kommunikationsforschern die schlichte Einsicht, daß Informationen, Themen oder Inhalte, die durch Beteiligung angeeignet werden, die größte Chance haben, in Erinnerung zu bleiben. Das größtmögliche Verstehen vollzieht sich im und durch das Erleben. Der Vortrag, also das Hören allein, ist mit den größten Übermittlungs- bzw. Wahrnehmungsverlusten verbunden. Andererseits: „Redet die Heilige Schrift von der Erfahrung der göttlichen Gegenwart, wird ebensooft von Schmecken, Sehen und Fühlen gesprochen wie vom Hören“[16]. Eine ganzheitliche Vermittlung des Glaubens liegt also im Wesen sowohl des Menschen als auch des Evangeliums. Die Bibel sieht den Menschen als Ganzes und möchte ihn zu einer ganzheitlichen Nachfolge ermutigen.
„Das Ziel aller Kommunikationsprozesse in der Kirche ist es, Gemeinschaft zu schaffen und Leben aus dem Glauben einzuüben. Jugend- und Gemeindearbeit zielt deshalb auf Mitmachen, auf Beteiligung, auf Erleben, sie kann sich nicht mit einer Konsumhaltung religiöser Bedürfnisse zufriedengeben.“[17]

Dieser Aspekt wird noch einmal ausführlich aufgenommen in Kapitel V 1: „Auf der Suche nach einer neuen Lebensform“.

3. Die Themen junger Erwachsener als Anfrage an unseren Glauben

„Lerne gern von anderen, und wo von Weisheit, Glück, Licht und Freiheit geredet wird, da höre fleißig zu, doch traue nicht flugs, denn es haben nicht alle Wolken Wasser... Viele meinen auch, daß sie die Sache hätten, wenn sie davon reden können. So ist es aber nicht, mein Sohn. Man hat die Sache noch nicht, wenn man nur von ihr redet. Worte sind nur Worte, und wo sie gar leicht dahinfahren, da sei auf der Hut, denn die Pferde, die den Wagen hinter sich haben, gehen langsamen Schrittes..."

Matthias Claudius, Abschiedsbrief an seinen Sohn Johannes

„Der Fehler der Kirche ist es, daß sie ständig Fragen beantworten will, die keiner mehr stellt..." spottete einmal Johannes Groß im Magazin der Frankfurter Allgemeinen Zeitung. Wer junge Erwachsene mit der guten Nachricht erreichen will, ist gut beraten, wenn er sich den Themen junger Erwachsener stellt und vom Evangelium her den Versuch einer Antwort unternimmt. Im folgenden soll anhand vier exemplarischer Themen versucht werden, das Evangelium in die Situation junger Erwachsener zu übersetzen.

a) Beziehungskiste ohne Ende?

Eine große Mehrheit von jungen Erwachsenen (86%) beantwortete die Frage des Instituts für Demoskopie in Allensbach „Was ist Ihnen im Leben besonders wichtig?" mit: „Freunde haben". Erst danach werden (von etwa 60%) Erfolg, Liebe, Karriere, Geld haben, Gesundheit und all die anderen schönen und wichtigen Dinge des Lebens genannt.

Ob wir die gängigen Zeitschriften durchsehen, die Drehbücher der Kinofilme unter die Lupe nehmen oder die Liedtexte der Pop-Größen durchforsten – wir werden immer wieder auf das Thema „Beziehungen“ stoßen. Wenn nicht alles täuscht, drückt sich hier eine Sehnsucht nach einem Bezugspunkt aus, bei dem man nicht vorrangig nach Leistung, Erfolg, Outfit oder Wirkung beurteilt wird. Es ist eine Sehnsucht nach zweckfreien Beziehungen, die geprägt sind vom offenen Gespräch, in dem auf Masken verzichtet werden kann. In einer solchen Beziehung werden Gefühle ernst genommen oder vielleicht überhaupt erst einmal thematisiert.

„Ein Freund ist ein Mensch, vor dem man laut denken und fühlen kann“[18], so hat Ralf Emerson einmal diese Erfahrung der Freundschaft zusammengefaßt. Freundschaft als ein Ort, wo andere Prioritäten gelten und ich „sein kann, wie ich bin“. Konkretionen der Freundschaft: bei Kerzenschein und Kuschelrock einen persönlichen Brief schreiben; mit einem phantasievollen, kreativen Fest seine Gäste würdigen; mit ausgewählten, vielleicht selbsthergestellten Geschenken sich zeichenhaft selber verschenken; mit einer herzlichen Umarmung und einem verstehenden Blick seine Zuneigung vergewissern – all das erzählt nur von einem Wunsch: Ich will deine Nähe.

Eine gelungene zwischenmenschliche Beziehung ist vielleicht das schönste und geeignetste Bild, anhand dessen man mit jungen Erwachsenen vom Glauben reden kann. Gott hat sich durch die Menschwerdung Jesu Christi in uns hineinversetzt, um uns zu verstehen, um uns seine Liebe zu erklären. Indem Gott die Menschen bedingungslos annimmt, macht er sie „annehmbar“ und ermöglicht es ihnen so, das Angebot seiner Freundschaft zu erwidern.

„Der andere ist das, was meine Liebe aus ihm macht. Auch wir Menschen sind das, was Gottes Liebe aus uns macht.“[19] So hat Helmut Thielicke die zwischenmenschliche Dimension als Bild für unsere Beziehung zu Gott einmal treffend skizziert. Der Ruf zum Glauben wird in diesem Bild eine Einladung, die Beziehung zu Gott zu thematisieren und sie zu pflegen: Gebet heißt dann, mit Gott zu reden, er ist der

Freund, vor dem ich laut denken kann. Wer junge Erwachsene fragt, wo sie entscheidende Impulse für ihren Anfang im Glauben bekommen haben, der hört sehr oft: „Mein Freund..." Eine gelebte Freundschaft scheint der geeignetste Ort, die Beziehung zu Gott ins Gespräch zu bringen.

b) Neue Männer braucht das Land!

Männern gebührt es nicht, über das „Frauenthema" zu schreiben. Besser erscheint mir, wenn sich Männer darüber Gedanken machen, was „Männlichkeit" heute bedeuten kann. Dabei geht es natürlich um die gleiche Frage: wie Männer und Frauen unter veränderten gesellschaftlichen Bedingungen besser miteinander und mit sich selbst zurechtkommen können.

Seit Herbert Grönemeyer mit seinem Titel „Männer" und Doris Dörrie mit ihrem gleichnamigen Kinostreifen vor Jahren das Männerthema einer breiten Öffentlichkeit ins Bewußtsein gebracht haben, wird dieses Thema nicht nur in „Emma" traktiert. Verunsicherte Männer nehmen zur Kenntnis, daß sie bisher in einer „Rambo"-Welt aufgewachsen sind: Andere Männer werden als Konkurrenten gesehen, die es auszuschalten gilt, Frauen finden bestenfalls als Accessoires der Männer Beachtung. Dieses Männerbild war weitgehend geprägt von Idealen wie Erfolg, Macht, Unverletzlichkeit, Härte gegenüber sich und anderen, Beherrschung der Rituale von Führung und Unterwerfung, ständige Bereitschaft und Fähigkeit zur Initiative. Dieses Bild hat sich kräftig geändert: Väter mit Babys in der Brusthängetasche gehören ebenso zum selbstverständlichen Stadtbild wie Großflächenplakate, auf denen nackte Männer zu sehen sind. Die Parfümindustrie verzeichnet Umsatzrekorde bei Männerparfüm, „Männerliteratur" weist den Verunsicherten den neuen Weg zwischen Macho und Softi.

Wie groß die allgemeine Verunsicherung sein muß, erkennt der aufmerksame Beobachter auch daran, wie stark auch religiöse und theologische Argumente auf der Suche nach der neuen Männlichkeit eine Rolle spielen. Zwei erfolgreiche Bücher sollen diese Beobachtung dokumentieren:

- Der Franziskanerpater Richard Rohr schreibt in seinem Buch „Der wilde Mann“: „Der Prototyp falscher männlicher Stärke im Neuen Testament ist Petrus. Er kann es nicht zulassen, daß Jesus leiden und sterben muß, und er will ihn mit den Worten ‚das geschehe Dir ja nicht‘ daran hindern. Er ist dabei bereit, selbst für Jesus in den Tod zu gehen und versagt doch, als ihn eine Frau (!) fragt, ob er zu Jesus gehöre. Am Ende flieht er. Der ‚schwache‘ Johannes, der gerade noch zärtlich an der Brust Jesu gelegen hat, ist der einzige Jünger, der unter dem Kreuz ausharrt zusammen mit den Frauen. Weil er in sich selbst die Schwachheit der Liebe zuläßt, muß Johannes der wehrlosen Hingabe des Gekreuzigten nicht ausweichen.“[20]

- Franz Alt, engagierter Journalist, hat in seinem Buch „Jesus – der erste neue Mann“ ein Thema aufgegriffen, das viele Menschen bewegen muß. Wie anders wäre es zu erklären, daß seit fast zwei Jahren täglich über 1.000 Exemplare dieser Veröffentlichung verkauft werden? „Nur eine Gesellschaft, die sich an Jesus orientiert, hat noch eine Chance für die Zukunft“ – so lautet der Werbeslogan, mit dem Interesse und Aufmerksamkeit geweckt werden sollen. Zwar werden diese und andere Thesen mit fragwürdigen Argumenten begründet, doch in diesem Punkt hat Franz Alt zweifellos recht: Der erste neue Mann war Jesus. Er gab seine Schwachheit zu, er konnte leiden, er hatte eine natürliche Autorität, die sich nicht auf Statussymbole stützen mußte. Jesus ist das Gegensymbol jeglicher Rambomentalität.

Freilich, Jesus war sehr viel mehr als der „wahre“ Mensch. Aber das war er eben auch. Und wenn junge Erwachsene von der Menschlichkeit Jesu fasziniert sind, warum sollen dann ausgerechnet wir Christen nicht daran anknüpfen können? Wie Jesus beispielsweise mit Frauen umgeht, wie er sie als gleichberechtigte Partner anerkennt und auf sie eingeht, ist modellhaft und kann in unserer sexistischen Männergesellschaft nur zu Recht als Modell dienen. Einer der Gründe, warum die Urgemeinde eine so große Ausstrahlungskraft auf ihre Umgebung hatte, lag sicherlich im völlig neuen Miteinander von Mann und Frau.

„Neue Männer braucht das Land..." – Etwas davon muß selbst der Maler Rembrandt schon geahnt haben, als er in seinem berühmten Bild vom verlorenen Sohn die rechte Hand des Vaters – also „die Rechte des Herrn" – als eine Frauenhand malte...

„Der Mann war jahrtausendelang der Herrscher der Welt. Er gilt als Schöpfer der Kultur... Heute wird er als Unterdrücker gebrandmarkt... Der Mann hat die Natur ökologisch zerstört und die Welt an den Rand des Abgrunds einer atomaren Katastrophe gebracht..."[21] – Verständlich, wenn eine Gesellschaft, deren Wertesystem vom Fortschrittsglauben geprägt war, jetzt nach neuen Werten und Modellen der Menschlichkeit sucht.

Mit dem Leben Jesu hat uns Gott gezeigt, wie er sich das Menschsein vorgestellt hat. Deshalb erscheint es mir möglich, an der Menschlichkeit Jesu anzuknüpfen und dann den auferstandenen Christus zu bezeugen.

Übrigens: Die Psychologen haben schon lange entdeckt, daß bei Kindern, die eine gestörte Beziehung zu ihrem Vater hatten, Glaube als ein Akt des Vertrauens und der Hingabe fast unmöglich geworden ist. Väter, die ihren Kindern in den ersten drei Lebensjahren die Erfahrung des Grundvertrauens ermöglichen, schaffen so eine wichtige Voraussetzung für das spätere Entstehen einer lebendigen Gottes-Beziehung. Insofern ist eine neu verstandene „Männlichkeit" auch ein Beitrag für die Evangelisation...

c) Nach uns die Sintflut!?

„In Brasilien holzen sie den tropischen Regenwald ab, in der Nordsee sterben die Robben, über der Antarktis hängt ein Ozonloch so groß wie die USA, in den Alpen rutschen die Berge, in der Elbe leben keine Fische mehr, unsere Einbauküche strahlt vor Formaldehyd, und Wildschweingulasch mit Preiselbeeren gibt's seit Tschernobyl nur noch auf dem Seniorenteller... Und da soll ich nicht verantwortlich leben? Aber natürlich! Ist doch klar..."[22]

Mit diesen Worten hat der Journalist Andreas Malessa einmal eine weitverbreitete Einstellung wiedergegeben. Noch nie war eine Gesellschaft über den tatsächlichen Zustand ihrer Lebensgrundlagen so gut informiert, noch nie gab es einen so breiten gesellschaftlichen Konsens, daß die Bewahrung der Schöpfung absoluten Vorrang hat, und noch nie wurde so wenig dafür getan wie heute – gemessen an dem, was wir tun könnten. Dabei steht schon lange fest: die Menschheit steht vor der Frage des nackten Überlebens. Die Zukunftskrise ist vor allem eine ökologische Krise, da wir selber unsere biologischen Lebensgrundlagen systematisch zerstören. Die zu erwartende Klimakatastrophe, die sterbenden Wälder, neue Krankheiten und Seuchen, vergiftete Flüsse und verdreckte Luft – all das läßt uns ahnen, daß die Tage gezählt sind, an denen Menschen auf dieser Erde leben und wohnen können. Um den zahlreichen Verdrängungsversuchen zu widerstehen, ist es hilfreich, hin und wieder einmal die gängigen Zahlen und Studien zur Kenntnis zu nehmen. Es hat ja schon öfters in der Geschichte der Menschheit Überlebenskrisen gegeben. Aber noch nie waren die gesamte Erde und die gesamte Menschheit zugleich bedroht. Erstmalig hat der Mensch die Möglichkeit, sich selbst zu vernichten – entweder durch eine kriegerische Auseinandersetzung mit Atomwaffen oder eben schleichend und langsam, aber nicht weniger sicher und wirkungsvoll durch die systematische Zerstörung der biologischen Lebensgrundlagen. „Die jungen Erwachsenen heute sind die erste Generation, die mit einer solchen Perspektive erwachsen geworden sind."[23]

Verstärkend kommt für die jungen Erwachsenen noch hinzu, daß sie mitansehen müssen, wie über ihre Zukunft entschieden wird – von Leuten, die selber zwischen 50 und 70 Jahre alt sind und die die Folgen ihres Handelns wahrscheinlich nicht mehr miterleben müssen. Ein Gefühl der Ohnmacht breitet sich aus, die böse Ahnung, bei allem Engagement in Wirklichkeit nichts bewirken zu können. Wie möchte man einem jungen Erwachsenen, der mit seinen zwei Kindern auf 50 qm leben muß, erklären, wie wenig Geld für neue Kindergartenplätze und Sozialwohnungen vorhanden ist, daß aber gleichzeitig ein Militärflugzeug gebaut wird, das Milliarden DM kostet, obwohl weit und breit kein Feind mehr in Sicht ist?

Das zentrale Wort für eine Überlebensstrategie heißt: Umkehr! Umkehr *zunächst* einmal in unserem ganz praktischen persönlichen und alltäglichen Leben: von der Geschwindigkeit auf der Autobahn, über die Benutzung von Pfandflaschen bis hin zur Trennung des Hausmülls, um Recycling möglich zu machen usw. Als *zweites* ist eine Umkehr auf gesellschaftlicher Ebene vonnöten: die Gestaltung des Stromtarifs, der Benzinpreise, der gesetzlichen Regelung für Abgasfilter und ähnliches – all dies bräuchte oberste Priorität, um eine letzte Chance für das Überleben der Menschen auf dieser Erde noch zu nutzen. Die *dritte* Dimension der Umkehr allerdings ist die nötigste: die Umkehr zu Gott, dem Schöpfer.

Nur ein neues Verständnis der Schöpfung kann die Grundlage für eine Überlebensstrategie sein. Für uns Christen heißt dies: Nur wer eine neue Beziehung zum Schöpfer hat, wird mit der Schöpfung richtig umgehen. Wir werden erst mit der Schöpfung anders umgehen, wenn wir uns vor Augen halten, daß mit jedem sterbenden Baum, jeder aussterbenden Tierart, mit jedem strahlengeschädigten Baby ein Stück der Ideen Gottes verlorengeht. Jede Beteiligung am Sterben der Schöpfung ist Sünde und eine Lästerung Gottes. Erst wenn wir wieder eine Beziehung zum Schöpfer haben, werden wir mit der Schöpfung wirklich anders umgehen können. Insofern ist die Evangelisation ein Beitrag zur Lösung der Zukunftskrise.

Gott der Schöpfer braucht heute junge Erwachsene zum Überleben seiner Schöpfung, er braucht verantwortliche Menschen, die in der Gemeinschaft mit dem Schöpfer ans Werk gehen. Gott braucht den Beitrag von jungen Erwachsenen, wenn es um das Überleben der Schöpfung geht. Diese Lebensperspektive bieten wir an, wenn wir zum Glauben einladen. Freilich wird Gott am Ende der Geschichte noch einmal ein Schöpferwort sprechen und einen neuen Himmel und eine neue Erde schaffen. Diese Perspektive macht gelassen in allem Engagement, führt aber trotzdem zum Handeln und nicht zum Verdrängen. Christen handeln zwar in der alten Welt, aber in der Kraft der neuen Welt.

d) Comeback der Mythen: Religion ist in – Kirche ist out

„Ein ganzes Volk ist auf der Tour de Trance", schrieb 1988 der SPIEGEL. Die neue Religiosität wurde von anderen aktuelleren Themen in der Zwischenzeit verdrängt. Geblieben ist aber die sicherlich richtige Erkenntnis: Ob es um astrologische Horoskope, um Meditationstrips nach Indien, parapsychologische Experimente mit Verstorbenen oder um den Feuerlauf bei der Volkshochschule geht – junge Erwachsene gehören zur Stammkundschaft für esoterische Angebote.

Eine differenzierte Auseinandersetzung mit diesen Angeboten ist an dieser Stelle nicht möglich. Einige junge Erwachsene mögen auf solchem Wege einen weiteren Horizont und Hilfestellung bekommen haben, andere haben erhebliche wirtschaftliche und seelische Schäden davongetragen. Für die kirchliche Arbeit mit jungen Erwachsenen möchte ich festhalten:

- Die Gottesfrage ist wieder „in", der theoretische Atheismus („Es gibt keinen Gott") ist auf dem Rückzug (ob diese Tendenz auch für den Bereich der „fünf neuen Bundesländer" gilt, bleibt abzuwarten).

- Die religiöse Welle ist Ausdruck einer Suchbewegung und dokumentiert die Sehnsucht nach Gotteserfahrung. Die Frage nach Gott wird hier wieder unzertrennbar mit der Frage nach dem Sinn des Lebens in Verbindung gebracht.

- Formen der privaten Religiosität, wie das Gebet oder die Meditation, erfreuen sich großer Beliebtheit. Über 50% der Befragten gaben 1985 bei der Shell-Jugend-Studie an, „ab und zu" zu beten. Nach einer STERN-Umfrage schließen nur noch 30% der 20-40jährigen aus, daß sie nach ihrem Tod in einem anderen Körper weiterleben.

Das große Interesse an religiösen Fragen geht aber weitgehend an den traditionellen christlichen Kirchen und Gemeinschaften vorbei. Der Tübinger Religionspädagoge Karl-Ernst Nipkow erklärt: „Die Gottesfrage nähert sich einer nachchristlichen Situation. Nach Gott wird zwar gefragt, aber die Antwort wird nicht mehr in der christlich-biblischen Überlieferung gesucht."[24]

Es gehört zu den aufregenden Fragen in der Missionsgeschichte, ob der Christ und Missionar an dieser – oftmals heidnischen – Religiosität anknüpfen kann oder ob sie dem Evangelium eher im Wege steht. Unsere Kultur in der Bundesrepublik Deutschland ist zu vielschichtig, als daß diese Frage grundsätzlich beantwortet werden könnte. Auch hier kommt es auf die Situation des einzelnen Menschen an, mit dem ich rede.

Jedenfalls haben sich die grundsätzlichen Voraussetzungen für das Gespräch über den Glauben mit jungen Erwachsenen erheblich verändert: sie sind schwieriger und einfacher geworden.

Einfacher deshalb, weil die Rede von Gott als nichts Ungewöhnliches mehr erscheint und ein grundsätzliches Interesse an dieser Frage vorausgesetzt werden kann.

Schwieriger deshalb, weil unter gemeinsam gebrauchten Begriffen wie Gott, Glaube, Gebet, Meditation usw. oft gegensätzliche Inhalte verstanden werden. Der junge Erwachsene aber, der sich anderer religiöser Angebote bedient und auf sie eingeht, tut dies nicht in bewußter Auseinandersetzung oder gar Ablehnung von christlichen Inhalten. Wahrscheinlicher ist von der fehlenden Kenntnis biblisch-theologischer Aussagen auszugehen.

Kirchliche Arbeit mit jungen Erwachsenen muß künftig unter dem Aspekt der Erstverkündigung und der Erstkatechese verstanden werden. Nipkow: „Das alte Modell, das Gesamtkatechumenat, war am Gedanken des kontinuierlichen Glaubensaufbaus durch christliche Erziehung von unten nach oben orientiert... Für die Zukunft aber müssen wir stärker vom Modell eines diskontinuierlichen Glaubensweges aus denken... Christliche Angebote müssen künftig davon ausgehen, daß der Einstieg zum Glauben in jeder Lebensphase möglich wird..."[25]

Die konsequente Hinwendung zur Situation junger Erwachsener kann heute nur bedeuten, auch ihre religiösen Bedürfnisse ernst zu nehmen und an ihnen anzuknüpfen. Neue Formen des Gottesdienstes, liturgisch geprägte Stundengebete in Lebensgemeinschaften auch auf Zeit sowie vielfältige Möglichkeiten im Bereich einer neuen Meditationspraxis werden künftig in der kirchlichen Arbeit mit jungen Erwachsenen einen hohen Stellenwert bekommen.

4. Eine Geschichte aus der Bibel, erzählt für junge Erwachsene: Lydia

Da fuhren wir von Troas ab und kamen geradewegs nach Samothrake, am nächsten Tag nach Neapolis und von da nach Philippi, das ist eine Stadt des ersten Bezirks von Mazedonien, eine römische Kolonie. Wir blieben aber einige Tage in dieser Stadt. Am Sabbattag gingen wir hinaus vor die Stadt an den Fluß, wo wir dachten, daß man zu beten pflegte, und wir setzten uns und redeten mit den Frauen, die dort zusammenkamen. Und eine gottesfürchtige Frau mit Namen Lydia, eine Purpurhändlerin aus der Stadt Thyatira, hörte zu; der tat der Herr das Herz auf, so daß sie darauf achthatte, was von Paulus geredet wurde. Als sie aber mit ihrem Hause getauft war, bat sie uns und sprach: Wenn ihr anerkennt, daß ich an den Herrn glaube, so kommt in mein Haus und bleibt da. Und sie nötigte uns.
Apg 16,11-15

Oft fasziniert mich die Bibel, weil sie von originellen, interessanten und ungewöhnlichen Menschen berichtet. Unsere Geschichte erzählt von einer modernen Frau, die es in ihrem Leben bereits weit gebracht hat. Lydia war Inhaberin einer Modeboutique in Philippi. Unter Insidern galt sie als erste Adresse. Modebewußt, zielstrebig, phantasievoll und erfolgreich. Sie lebte als Single, sie hatte ihren Weg gefunden, sie stand selbst „ihre Frau". Für die damalige Zeit nicht gerade die Regel...

Mode aus Philippi, das war so ähnlich wie heute das „Made in Italy". Seit 200 Jahren hatten die Römer die Stadt Philippi besetzt. Die Philipper paßten sich der Besatzungsmacht schnell an, so daß die Menschen in den Nachbarstädten spotteten: die Philipper sind „römischer als die Römer". Die Römer wiederum, durch so viel Anpassung geschmeichelt, erließen den Philippern kurzerhand die Steuern. Folge: ein Wirtschaftswunder, von dem auch Lydia profitierte. Denn schließlich waren es nicht nur die Frauen der römischen Offiziere, die bei den Spielen und beim „Shopping" nur mit den besten Klamotten gesehen werden wollten. Und das Beste war damals: Purpur. Dieser Stoff ließ die Herzen der römischen Schickeria höher schlagen. Es war der Stoff, aus dem die Modeträume Wirklichkeit wurden. Ein wenig makaber allein, seine so vornehm violett schimmernde Farbe aus dem Saft einer zerpreßten Schnecke zu gewinnen.

Lydia aber hatte nicht nur wirtschaftlichen Erfolg. Sie hatte auch Prinzipien: einmal in der Woche machte sie den Laden dicht, um an den Fluß zu gehen und zu beten. Eine Mischung von Picknick und Gebetsfrühstück dürfen wir uns dabei vorstellen. In dieses Frauentreffen platzt Paulus herein. Die Frauen lassen ihn reden. Er erzählt ihnen von der guten Nachricht Gottes, und das heißt: er erzählt ihnen von Jesus, – von seiner Geburt in Armut, von seinem Flüchtlingselend, von seinen Reden und Wundern, von seinen Gesprächen mit Frauen und natürlich von seiner Folterung im Purpurmantel! Ein Sterbender mit Dornenkrone im Purpurmantel – wie muß das in den Ohren von Lydia geklungen haben! Aber nicht genug: als Jesus am Kreuz hängt und in die Nacht hinausschreit, soll der Purpurvorhang im Tempel der Juden gerissen sein!

Dies, so erklärt der Theologieprofessor Paulus, sei ein Symbol dafür, daß zwischen Gott und den Menschen nun wirklich nichts Trennendes mehr stehen kann! Das ist die gute Nachricht.

Wie Lydia im einzelnen auf diese Worte des Paulus reagiert hat, berichtet uns der sparsame biblische Bericht nicht. In jedem Fall aber hat diese gute Nachricht das Leben der Lydia verändert, denn sie

– öffnet ihr Herz.

Wie viele Nöte hat sich Lydia wohl in den Umkleidekabinen ihrer Boutique angehört! Sie wußte: Outfit ist nicht alles. Man kann Benetton- und Boss-Klamotten tragen, sich die Haare stylen lassen wie Madonna, geschminkt sein wie Nina Hagen, aussehen wie Patrick Swayze und dennoch hinter der Maske total ausgepumpt und fertig sein.

Das, was uns wirklich hilft, können wir uns weder kaufen noch selber sagen: es muß uns geschenkt werden! Der Glaube ist ein Wunder, ein Geschenk Gottes, so erfährt es Lydia. Es ist das Wort, das „Löcher in mein Herz macht", wie eine Afrikanerin einmal die Wirkung des Wortes Gottes beschrieben hat. Und Lydia

– *öffnet ihr Haus,*

denn Glaube hat Konsequenzen. Sie öffnet ihr Haus für Paulus und Silas. Beide erfahren die Gastfreundschaft von Lydia. Liebe will konkret werden, sie zeigt sich auch in stilvoller Tischgemeinschaft. Hier in der Boutique der Lydia ist die Geburtsstunde der Kirche in Europa! Könnte das nicht auch ein tolles Bild für die Kirche der Zukunft sein? Die Kirche als ein Gasthaus, in dem Menschen zugehört wird, wo sie getröstet und bewirtet werden. Was bräuchten wir mehr – in einer Gesellschaft, in der sich immer mehr Menschen in das private Glück zurückziehen – als solche Lebenshäuser?

Jeder Altar in unseren Kirchen, so hat der Theologe Klaus Berger einmal gesagt, ist eine leise Erinnerung daran, wie die Kirche in Europa einmal angefangen hat: am Küchentisch der Lydia! Ob wir uns heute von dieser Geschichte einladen lassen, unser Herz für die gute Nachricht und unser Haus (Bude oder Zimmer) und Leben für neue Menschen zu öffnen? Unser Leben wird dadurch reicher werden.

III. Offene Treffpunkte für junge Erwachsene

„Was tust du, um einen Menschen für Christus zu gewinnen? Ich lasse ihn ein Jahr in meinem Hause wohnen..."

Clemens von Alexandrien

Offene Treffpunkte sind geöffnete, ansprechend gestaltete Räume, die in Verbindung mit interessanten Mitarbeitern eine heimische Atmosphäre bieten. Je nachdem, wie die Räume eingerichtet sind und welche Mitarbeiter die Rolle eines „Gastwirts" wahrnehmen, wird eine bestimmte Szene von jungen Erwachsenen angesprochen, die dann ein eigenes Milieu mit entsprechenden Identitätsmerkmalen bildet: Musikrichtung, Gesprächsklima, Besucher-Outfit, bestimmte Rituale (Eröffnung, Begrüßung, Abschluß) usw. Offene Treffpunkte verstehen sich als ein Gegenentwurf zur bestehenden gesellschaftlichen Realität. Während viele Menschen in der Anonymität von Hochhauswohnungen verschwinden, Einzelhaushalte die Regel sind und der Rückzug ins private Glück gesucht wird, sind offene Treffpunkte als echte Alternative zum „geschlossenen Haus" konzipiert. In ihrer Zugänglichkeit für alle Menschen in jeder Lebenssituation und in ihrer Bereitschaft, anderen zu dienen und ihnen eine „Heimat" zu schaffen, sind sie ein Stück weit Abbild des Reiches Gottes. Offene Treffpunkte sind auch ein lebendiges Symbol für die Kirche von morgen: Kirche als ein Gasthaus mit offenen Türen (wie die Schwingtüren eines Western-Saloons), mit einer Theke, an der man geduldige Zuhörer findet, und einem Stammtisch, an dem Freundschaften gepflegt, Träume geboren und Vorurteile weggeräumt werden. Auf den Tischen stehen Kerzen, deren warmes Licht bis spät in die Nacht zum Eintreten einlädt. Hier werden Menschen im Namen Gottes bewirtet – ein Ort voll Wärme und liebender Menschen, die von Christus ergriffen sind und anderen, entfremdeten Menschen wieder eine Heimat schenken.

1. Modelle aus der Praxis

a) Der „andere Keller" in Weingarten

Im romantischen Winzerort Weingarten, keine 10 Autominuten von Karlsruhe entfernt, gibt es nicht nur ein Drei-Sterne-Restaurant und die „Weingartener Kulturtage", sondern auch den „anderen Keller", eine Programmkneipe, die von jungen Christen aus dem CVJM getragen wird.

Ein großer Gewölbekeller mit grobem Mauerwerk läßt etwas von der ursprünglichen Bestimmung dieses Raumes erahnen: hier reiften einst vorzügliche Jahrgänge, die nicht nur den Weingärtnern unvergeßliche Gaumenfreuden bereiteten. Seit fünf Jahren – jeden ersten Samstag im Monat – gilt der „andere Keller" in Weingarten nicht nur jungen Erwachsenen aus dem CVJM als Geheimtip. Der „andere Keller", das ist vor allem: ein anspruchsvolles Live-Programm in einem Raum mit unverwechselbarer Atmosphäre und einigen besonderen Köstlichkeiten nicht nur für den kleinen Appetit. Aber nun der Reihe nach. Was ist anders am „anderen Keller"?

Speisekarte

Kennern fällt es beim ersten Blick auf, der „andere Keller" hat andere Preise! Säfte sind am günstigsten, dann folgen Cola, Fanta, die alkoholischen Getränke sind die teuersten. Kleine Speisen laden zur längeren Tischgemeinschaft ein. Selbstgebackene Flammkuchen (nicht nur wegen der Nähe zum Elsaß), die dampfende „Flädlesupp", wohl abgeschmeckte Soßen und liebevoll zubereitete Salate erzählen leibhaftig dem ahnungsvollen Gast, wie viele Stunden einige Mitarbeiter von ihrem freien Samstag schon geopfert haben. Und auch das erklärt die Speisekarte: „Während des Programms wollen wir das Rauchen den warmen Getränken überlassen..."

Programm
Daß neben vielversprechenden Nachwuchstalenten auch die bekannten Musiker der christlichen Szene wie Clemens Bittlinger, Dieter Falk, Siegfried Fietz, Werner Hucks und Cae Gauntt hier zu Gast waren, ist fast schon selbstverständlich. Allerdings legen die Mitarbeiter großen Wert darauf, daß die eingeladenen Künstler nicht nur ihr bewährtes Programm abspulen, sondern auch von ihrer persönlichen Seite erlebbar werden. In der familiären Atmosphäre des „anderen Kellers" erzählen sie in den Beiträgen zwischen den Liedern, in einer spannenden Talkshow oder im anschließenden persönlichen Gespräch an den Tischen von ihrem Künstleralltag, von Hintergründen der LP-Produktionen, Entstehungsgeschichten einzelner Lieder oder schlicht von Frau und Kind...

Das Live-Programm dauert selten länger als 80 Minuten, denn die Begegnung der Gäste untereinander und mit den Künstlern soll hier im Vordergrund stehen. Bei aller Vielseitigkeit des Programms ist den Mitarbeitern in Weingarten besonders wichtig: Ob kritische Songs eines Liedermachers, leidenschaftliche Rockballaden, eine erfrischende spontane Talkshow oder überraschende Texte eines Lyrikers geboten werden – die Mitwirkenden sollen sich als Menschen und Christen präsentieren, sich ehrlich den Fragen der Zeit stellen und dabei natürlich von ihrem Glauben reden können. Da überrascht nicht, daß nach einem solchen anspruchsvollen Programm die letzten Gäste selten vor 24 Uhr den „anderen Keller" verlassen.

Mitarbeiter mit Eintrittskarte
Da größere Laufkundschaft in einem ruhigen Winzerdorf kaum zu erwarten ist, haben die Mitarbeiter des „anderen Kellers" vor allem eine Aufgabe: die Gäste und die Besucher einzuladen, wenn möglich gleich noch jemanden mitzubringen. Bewährt hat sich hier eine Eintrittskarte, die die Mitarbeiter gleichaltrigen Kollegen oder Kommilitonen weitergeben. Von Anfang an war das Ziel der Mitarbeiter in Wein-

garten, daß der „andere Keller" weit mehr als ein Treffpunkt für fromme Insider sein soll, die ihre christlichen Stars konsumieren wollen. Junge Erwachsene, die gegenüber Glauben und Christsein betont kritisch eingestellt sind, sind hier besonders willkommene Gäste. Mit ihnen ins Gespräch zu kommen, Beziehungen zu knüpfen oder zu pflegen, dafür – so die Mitarbeiter – sei der „andere Keller" gerade der ideale Ort.

So überrascht es auch nicht, daß die Veranstalter so etwas wie eine „private Form der Nacharbeit" entwickelt haben: Nach drei bis vier gemütlichen Abenden im „anderen Keller" ermutigen sie ihre Gäste zum Hauskreisbesuch oder zum Mitfeiern beim hiesigen Gemeindefest. Dazwischen wachsen persönliche Beziehungen durch private Einladungen. Wer so motiviert auf neue Menschen zugeht, den wundert es auch nicht, wenn hin und wieder schon Stunden vor Öffnung keine Karten mehr zu haben sind. Werden dann auch noch angereiste Jugendgruppen kurz vor Beginn des Abends unter dem Hinweis „ausverkauft" abgewiesen, erklärt der zuständige Mitarbeiter am Eingang mit einem verschmitzten Lächeln: „Die Leute, die wir erreichen wollen, sind schon drin..."

Bevor die Gäste aber zu einer Eintrittskarte kommen, erhalten sie eine ansprechend gestaltete Einladung, aus der das Programm für das nächste halbe Jahr im „anderen Keller" hervorgeht. Auf der gefalteten Einladungskarte werden die eingeladenen Künstler schon etwas vorgestellt und so richtig Appetit gemacht...

Kosten

Bei den 70 offiziellen Plätzen (die Eintrittskarte kostet DM 7,-) muß es schon ganz voll werden, um die durchschnittlichen Kosten von DM 500,- für das Programm pro Abend abzudecken. Mit den Einnahmen bei den Speisen und Getränken können die Mitarbeiter gerade noch Ausgaben wie Werbung, Heizung, kleinere Anschaffungen und Genehmigungsgebühren finanzieren. Und falls etwas übrigbleibt, ist vorgesorgt: Überschüsse gehen an die Arbeit des CVJM in Kisumu/Kenia. Dort wird ein Ausbildungsprogramm für arbeitslose Jugendliche finanziert. Allerdings – die DM 50.000,- Kosten für Umbau und Renovierung mußten schon vorher durch großzügige Zuschüsse von Ortsgemeinde und Kirchen, aber auch durch freigebige Spender aus dem Kreis der Mitarbeiter aufgebracht werden.

Im „anderen Keller" begegnet man liebevoller Gastlichkeit von motivierten Mitarbeitern, die bei aller Action ihr Ziel, Zeugen Christi zu sein, nicht aus den Augen verloren haben.

Der „andere Keller", Marktplatz an der B 3, 7504 Weingarten, Tel. 0 72 44 - 3503

b) Das Schüler-Café in Crailsheim

Eine Reklametafel mit dem Hinweis „Spaghetti DM 3,-" wird man nicht sehr oft sehen können. Das Crailsheimer Schüler-Café, das mit diesem einmaligen Angebot aufwartet, liegt genau auf dem Schulweg neben dem „Albert-Schweitzer-Gymnasium". Über 2.500 Schüler – in der Nähe liegen auch noch Real- und Berufsschule – werden täglich mit Bussen in die Stadt gebracht. Viel Arbeit also für die Mitarbeiterinnen, einmal in der Woche von 9-15 Uhr jeweils 50-70 Essensportionen auszugeben. Hausfrauen, deren Männer erst am Abend von der Arbeit zurückkommen und deren Kinder längst aus dem Hause sind, sind hier am stärksten engagiert. „Ohne sie ginge überhaupt nichts mehr", gesteht Ralf Dörr, Jugendreferent in Crailsheim.

Aber man kann hier nicht nur gut und preiswert essen, das Schüler-Café bietet mehr: eine kleine Bibliothek, die gängigsten Comics, christliche Jugendzeitschriften wie Pack's, Punkt, Baustein und ixx; Tischtennisplatte, Tischfußball und vor allem die traditionellen Brettspiele laden mitten im Schulstreß zur Entspannung ein. Auch ein stiller Raum ist vorgesehen für die Hausaufgaben, die noch am Nachmittag fällig sind.

Mit weiterführenden Programmangeboten ist man noch in der Erprobungsphase: ein Aidsberater informiert mit Videoclips, ein Schwarzer berichtet über seine Erfahrungen in Südafrika, ein zurückgekehrter Missionar diskutiert mit Schülern und Schülerinnen über Sinn und Möglichkeiten heutiger Mission.

Und dann natürlich Gespräche: Motorräder, Autos und Mode sind wohl die Dauerthemen, erst nach längerem Zögern und meist nur in einzelnen Gesprächen auch Freundschaft, Liebe, Sex. Hier sind Menschen zu finden, die nicht nach Leistung oder Noten beurteilen, sondern die da sind, zuhören und gestreßte Schüler erleben lassen: Du bist geachtet und geliebt von Menschen, die von der Liebe Gottes verändert wurden. So lassen die Mitarbeiter auf Nachfrage keinen Zweifel daran, wofür sie sich einsetzen und was sie sein wollen: ein offenes Haus mit einer guten Nachricht. Wer zweimal die Woche so verwöhnt wird, der will diese Gemeinschaft auch in den Ferien nicht vermissen. Seit es das Schüler-Café gibt, sind die Freizeiten des Evangelischen Jugendwerks überfüllt... Von daher sind die Werbeplakate, die in den Schulen ins Schüler-Café einladen, dann doch etwas untertrieben: „Zweimal in der Woche im Urlaub – das Schüler-Café Crailsheim".

Schüler-Café Crailsheim, Bergwerkstraße 16, 7180 Crailsheim, Tel. 0 79 51 - 64 92

c) Das Café Merlin in Stuttgart als Haus der Begegnung

Zwischen Yuppie-Kneipen und dem Gemeinschaftshaus der „Apis" trifft man den Geheimtip in der Stuttgarter Kulturszene: das Café Merlin. Auf engstem Raum findet man alles, was ein junger Erwachsener von Herzen begehrt: gemütliche Bistro-Tischgruppen, Köstlichkeiten für den kleinen Appetit, Kunst an den Wänden, Szenenkultur und natürlich nette Leute. Daß das „Merlin" mehr ist als ein gutes Café, erfährt der interessierte Besucher unter der Rubrik „Wir über uns", wenn er die Speisekarte zur Hand nimmt: Neben einem abwechslungsreichen Bühnenprogramm mit Kabarett, Liedermachern, Pantomime und Theater werden tagsüber Kreativkurse angeboten, eine Podiumsdiskussion zum Monatsthema, Fortbildungsseminare, Ausstellungen usw.

Jährlich wird das Café, das täglich – außer Montag – geöffnet ist, von 70.000 Gästen besucht; die Programmangebote werden von 12.000 Besuchern wahrgenommen. Wer sich aber einen alternativen Politfreak mit Button am Strickpullover als typischen Merlinbesucher vorstellt, muß umdenken. Ebenso sind hier nicht nur Typen mit Boss-Klamotten und Viskose-Kleid zu treffen, denn auch Familien (!) werden mit speziellen Programmangeboten angesprochen – nach dem Motto: „Familie als Kulturinstanz". Die Offenheit für Kinder – ungewöhnlich genug für ein Café dieser Art – hat wohl ihren tiefsten Grund im Konzept des „Merlin": Hier engagieren sich Menschen, die noch an die Zukunft unserer Gesellschaft glauben.

Eine Art Kneipenzeitung, die jeden Monat erscheint, gibt eine Übersicht über das Veranstaltungsangebot, stellt die eingeladenen Künstler vor und gibt eine kleine Einführung zum Monatsthema wieder. Das Café Merlin versteht sich als ein kollektiver, alternativer Betrieb, der zwar in der Rechtsform einer GmbH geführt wird, aber versuchen möchte, ohne hierarchische Strukturen auszukommen. Offizielle Anerkennung und Bestätigung findet dieses ungewöhnlich erfolgreiche Experiment durch das Kulturamt der Stadt Stuttgart und das Land Baden-Württemberg, das den „Merlinern" Ende des Jahres einen Umzug in ein großräumiges Haus (über 500 qm) ermöglicht.

Das Café Merlin hat keinen besonderen kirchlichen Anspruch (mehr), und doch kann man diese „Insel der Kultur" als ein Stück Diakonie an unserer Gesellschaft empfinden.

Café Merlin, Kaffee und Kultur, Augustenstraße 72, 7000 Stuttgart 1, Tel. 07 11 - 61 85 49.

d) Das Café Curioso in Bernhausen

„Und hier ist heute abend das Café!" – Betroffen schauen sich die Musiker an. Gerade in Bernhausen eingetroffen, wird ihnen ein kahler, multifunktionaler Raum in einem neueren Gemeindehaus gezeigt. Hier soll Atmosphäre aufkommen? Nach zwei Stunden, sie haben sich indessen von ihrem Schock in einer benachbarten Pizzeria erholt, treffen sie auf einen völlig verwandelten Raum: um kleine Bistro-Tische stehen rote Regiestühle, über jedem Tisch hängt eine gemütliche Lampe, Kerzen flackern neben einer anspruchsvollen Speisekarte, die ersten Gäste haben es sich gemütlich gemacht und schmökern in der ZEIT oder in der TIMES, im Hintergrund Musik von Al Jarreau. „Was wollt ihr trinken?" fragt freundlich eine Mitarbeiterin, die sich heimlich über die überraschten Gesichter der angereisten Gäste freut...

Jeden Donnerstag, von 19.30 Uhr bis 24 Uhr, öffnet das Café Curioso. Es liegt zentral zwischen neuen Reihenhäusern und kleinen Geschäften in Bernhausen. „Für junge Leute ab 20", steht unmißverständlich auf der Einladung, die so attraktiv gestaltet ist, daß der Kenner gleich vermutet: unter den Mitarbeitern muß eine Werbedesignerin sein.

Einmal im Monat wird ein Live-Programm angeboten (z.B. Piano-Musik, türkische Folklore, Lyrik und Gospels...), und auch in der übrigen Zeit ist das Café ein überaus gemütlicher Treffpunkt. Hier begegnet man Menschen, die sich nicht zu schade sind, drei Stunden an einem Tag in der Woche nur aufzubauen, d.h. aus einem 8 qm großen Lagerraum von Lampen und Tischen bis hin zur Litfaßsäule alles herauszukramen und den Raum mit immer neuem Elan wieder einzurichten.

Für Leser, die über keinen Raum verfügen, der komplett wie ein Café eingerichtet ist, lohnt sich ein Besuch in Bernhausen ganz besonders. Hier kann man erleben, wie man mit Phantasie und Liebe auch bei äußerst schlechten Voraussetzungen optimale Lösungen für ein Café erreichen kann.

Café Curioso, Evangelisches Jugendwerk, Talstraße 21, 7024 Filderstadt, Tel. 07 11 - 70 57 85.

2. Konzeptionelle Möglichkeiten

Jedes Café, jede Kneipe hat ihre eigene Geschichte. Sie ist gewachsen vor Ort, unverwechselbar und einmalig. Etwas davon war in den vorausgegangenen Beschreibungen spürbar. Im folgenden möchte ich versuchen, unterschiedliche Konzepte von offenen Treffpunkten darzustellen, obwohl in der Praxis die „Reinform" immer seltener vorkommt. Oft machen die unterschiedlichen Voraussetzungen vor Ort eine Kombination der verschiedenen Konzepte nötig. Trotzdem erscheint mir folgende typologische Darstellung unterschiedlicher Möglichkeiten hilfreich:

a) Das Jugendcafé

Das Jugendcafé möchte ein offener Treffpunkt für junge Leute von 17-20 Jahren sein. Es ist ein Ort, an dem Jugendliche „unter sich" sein können und ihr eigenes Programm weitgehend selbst gestalten. Zu einem guten Jugendcafé gehören Brettspiele, Flipper, Leseecke, Plattensammlung, Tanzfläche und Tischfußball... Das Jugendcafé ist in fast jedem Gemeindehaus möglich, auch in Räumen, die unter der Woche anderweitig genutzt werden. Die Mitarbeiter verstehen sich dabei nicht als Aufpasser, sondern als vertrauensvolle Gesprächspartner, die junge Menschen begleiten wollen. Überhaupt: die Mitarbeiter! An sie werden die gegensätzlichsten und höchsten Anforderungen gestellt. Vom moderierenden und verkündigenden Diskjockey über Seelsorger, Gastwirt und Tanzlehrer bis hin zur vertrauensvollen Bezugsperson für überaus kritische Eltern und skeptische Kirchengemeinderäte.

Da hier kein Live-Programm angeboten wird, halten sich die Kosten einigermaßen in Grenzen – vorausgesetzt, das Mobiliar geht nicht gleich jede Woche zu Bruch... Gleichwohl können verschiedene Aktionen angeboten werden: Talentschuppen für hausgemachte Musik, Kreativtage, Fotowerkstatt, Videoclip-Gruppe usw. Ein solches „Jugendcafé" wird oft auch als „Café ohne" bezeichnet, da es ein offener Treffpunkt ohne Live-Programm und Speisekarte ist.

b) Die Programmkneipe

Die Programmkneipe möchte junge Erwachsene zwischen 20 und 35 Jahren erreichen. Eine anspruchsvolle Einrichtung wie eine entsprechende Programmgestaltung zeichnen das Angebot einer Programmkneipe aus. Musik muß hier nicht nur anspruchsvoll (Kunst kommt ja von Können...), sondern vor allem „live" sein. So lädt die lockere Kneipenatmosphäre ein zu improvisierten Soloparts und lebendigen Liedansagen (hier sieht man noch das Publikum), aber auch leise und zärtliche Zwischentöne finden hier ihre Zuhörer. Wenn die Musik dann auch noch von lyrischen Texten oder einer spannenden Talkshow unterbrochen wird, ist sich auch der letzte Gast gewiß: ein solches Programm ist nur in einer Programmkneipe erlebbar.

c) Das Ladencafé

Unter einem Ladencafé versteht man eine Mischung von Buchhandlung, Geschenkshop und angegliedertem kleinen Café. Hauptsächlich in der alternativen Stadtszene ist in den letzten Jahren eine ganze Reihe solcher Läden entstanden. Gerade auch Christen entdecken die Möglichkeit des Ladencafés. Es hat tagsüber geöffnet und lädt während des Einkaufsbummels zum Ausruhen und Stöbern ein. Hier gibt es Kaffee und Tee und vielleicht noch ein Stück Kuchen. Ein gutgehendes Ladencafé kann die Atmosphäre eines gesamten Stadtteils positiv verändern. Bewußt oder unbewußt wird hier eine Gegenwelt zur übrigen Gesellschaft geschaffen. Hier geht es nicht um Geld, sondern um den Menschen. Die erzielten Umsätze reichen meist nur, um die Miete aufzubringen.

Der Zeiteinsatz der Mitarbeiter ist enorm. Es ist die Frage, ob es überhaupt möglich ist, ohne hauptamtliche Mitarbeiter auszukommen. Bewährt hat sich folgende Lösung: fünf

Hausfrauen oder -männer teilen sich die fünf geöffneten Wochentage untereinander auf, so daß jede Person nur an einem Wochentag das Ladencafé betreuen muß.

Einmal im Monat kann zu Autorenlesungen in stilvoller Atmosphäre eingeladen werden. So werden in einem Ladencafé die unterschiedlichsten Altersstufen und Zielgruppen erreicht.

d) Das Filmcafé

In einem Gemeinde- oder Kulturhaus wird ein Bistrocafé mit kleinen runden Tischen und bequemen Stühlen eingerichtet. Der Raum wird mit Filmplakaten, Collagen und Schaufensterpuppen phantasievoll gestaltet. An einer kleinen Theke gibt es Cola, Kaffee, Popcorn – Kinoatmosphäre. Der Film, der auf einer größeren Leinwand gezeigt wird, ist nur ein Teil des Programms: vor und nach dem Film gibt es Live-Musik, dazwischen eine Talkshow, die auf den gezeigten Film Bezug nimmt. In einer gemütlichen Atmosphäre gibt es auch nach Programmschluß noch gute Gespräche.

Für das Filmcafé hat sich ein 14tägiger Rhythmus bewährt. Das Filmcafé ist besonders in Kleinstädten und Dörfern ohne Kino gefragt. In der Regel werden populäre, säkulare Filme gezeigt, die Themen ansprechen, zu denen Christen eine profilierte Antwort geben können.

e) Das Haus der Begegnung

Dieses Modell ist so etwas wie die „Maximal-Lösung" für einen offenen Treffpunkt. Als Erweiterung eines Cafés werden verschiedene Angebote gemacht: Kreativkurse, Bildungskurse, Diskussionsveranstaltungen, Ausstellungen, Spielräume, Autorenlesungen, Erzählabende, Live-Musik usw. Eine eigene Zeitung gibt einen Überblick über das vielfältige Programm. Es ist täglich geöffnet, und mit unterschiedlichen Angeboten werden völlig verschiedene Zielgruppen von Erwachsenen angesprochen. Hier sind spezielle Angebote z.B. für Singles oder für junge Familien durchführbar. Ohne hauptamtliche Mitarbeiter ist dieses Modell freilich nicht mehr realisierbar. Eine ausführliche Beschreibung dieses Konzeptes findet sich bei: Norbert Copray, Jung und trotzdem erwachsen, Bd. 2 (vgl. Literaturverzeichnis).

3. Verkündigungsformen

Im Rahmen eines offenen Treffpunktes, der von Christen getragen wird, ist es durchaus selbstverständlich, daß Mitarbeiter im persönlichen Gespräch wie auch auf der Bühne von ihrem eigenen Glauben reden wollen. Wichtig aber ist, wie dies geschieht. Dabei sind auch offene Treffpunkte denkbar, in denen kein Bühnenprogramm vorgesehen ist oder bei denen in der Konzeption bewußt auf jede Form von öffentlicher Verkündigung verzichtet wird. Ob solche Formen der öffentlichen Rede vom Glauben gesucht werden oder nicht, muß jedem Trägerkreis eines offenen Treffpunktes selber überlassen bleiben. Für diejenigen Mitarbeiter, die die öffentliche Rede vom Glauben in ihrem offenen Treffpunkt in einer besonders natürlichen Weise anstreben, möchte ich im folgenden einige Hilfen und Anregungen weitergeben.

Verkündigung in offenen Treffpunkten sollte situationsgemäß sein. Das heißt:

- locker (in Sprache und Haltung, vielleicht vom Barhocker)
- aktuell (keine Allgemeinplätze, Themen der Zielgruppe)
- persönlich (der Mitarbeiter ist als Person interessant)
- ansprechend (mit Niveau, gute Vorbereitung darf man spüren)
- einladend (nicht frontal oder dränglerisch)

Predigt und Andacht scheiden von daher als Verkündigungsformen für offene Treffpunkte aus. Statt dessen sind wir gut beraten, wenn wir vorwiegend journalistische Darstellungsformen einsetzen:

a) Das Interview

Das Interview eignet sich vorzüglich, um mitwirkende Künstler im Live-Programm oder Spontangäste vorzustellen. Zwei bis drei kurze Fragen, die nicht mit „ja“ oder „nein“ zu beantworten sind, genügen. Bei Abenden mit einer Eintrittskarte kann eine bestimmte Nummer im Losverfahren gezogen werden, oder ein Zettel mit der Aufschrift „Gast des Abends“ wird unter einen Stuhl geklebt. Stellt sich an einem Abend heraus, daß gerade ein Besucher von Afrika zurückgekommen ist, jemand Geburtstag oder eine wichtige Prüfung bestanden hat, so kann man auch diesen Gast spontan nach vorne bitten, um ihm ein paar Fragen zu stellen. Außerdem bekommen mutige Gäste (sie ließen sich ja befragen) ein kleines Geschenk mit nach Hause wie z.B. ein spezielles Glas, in das der Name des offenen Treffpunktes eingraviert wurde.

Für die Vorbereitung des Interviews gelten auch die Tips, die für die Talkshow beschrieben werden (s.u.S. 61 ff.).

b) Das Feature

Eine Nachricht, die in Handlung und Bilder umgesetzt wurde, nennt man ein Feature. Die schlichte Information „In der Königstraße brennt ein Haus“ hört sich dann so an: „Mit Blaulicht und Sirenengeheul rasen drei Löschzüge der Feuerwehr durch die Straßen, an den Fenstern des brennenden Hauses stehen schreiende Menschen, die lange Feuerwehrleiter wird ausgefahren...“[26]

Am stärksten wirkt ein Feature, wenn es frei erzählt wird. Aber auch Kurzgeschichten zu Themen wie Freiheit, Freundschaft, Friede usw. können vorgelesen werden. Auch als Hinführung zu einem Lied oder Musikstück ist das Feature geeignet. Da das Feature eine Nachricht in Handlung umsetzt, erweckt es beim Zuhörer Spannung und Neugierde und bezieht ihn von Anfang an mit ein.

c) Der Kommentar

Der Kommentar gehört zu den meinungsäußernden Darstellungsformen. Er nimmt Stellung zu einem aktuellen Thema und fordert Auseinandersetzung heraus. Der Kommentar kann in einem offenen Treffpunkt bei jungen Erwachsenen ankommen, wenn er im Ablauf eines Abends seinen festen Platz hat. Er dauert nicht länger als 3-5 Minuten und wird in der Regel von einem Manuskript abgelesen.

In einem offenen Treffpunkt ist der Kommentar besonders humorvoll gehalten, nicht selten bekommt er kabarettistischen Charakter. Im Programm erscheint dieser Beitrag unter „Wort zum Sonntag", „Betthupferl", „Standpunkte" oder „Kommentar des Tages".

d) Die Umfrage

Die Umfrage möchte die Besucher mit ihren Meinungsäußerungen einbeziehen. Daß hierbei zunächst Art und Gestaltung des offenen Treffpunktes Gegenstand der Umfrage sind, liegt auf der Hand. Auf den Tischen können Kommentarkarten ausliegen, mit denen um Bewertung des Programms, des Essens und der Atmosphäre gebeten wird. Dabei ist es dem Besucher freigestellt, ob seine Karte anonym bleibt. Gibt er Name und Adresse an, wird er persönlich auf die Karte angesprochen. Außerdem ist es möglich, an einzelnen Abenden aus Kommentarkarten zu zitieren und auf Anregungen und Wünsche einzugehen.

Gehen die Mitarbeiter einmal im Jahr an die Tische, um die einzelnen Gäste im Interviewstil zu befragen, so gewährt dies überraschende Einsichten, wer tatsächlich zu den regelmäßigen Besuchern des Treffpunktes gehört. Neben Fragen, die auf eine Bewertung des Treffpunkt-Programms zielen („Wie gefällt euch das Programm?"), sind auch Erkundigungen wie „Besucht ihr regelmäßig einen Gottesdienst?" oder „Euer Traum von Kirche?" nicht nur von statistischem Interesse. Als Einstieg in tiefergehende Gespräche haben sich solche Umfragen längst bewährt.

e) Lyrische Versuche

Von Mitarbeitern, die mit einem Gefühl für Sprache beschenkt wurden, kann auch ein Abend mit lyrischen Texten gestaltet werden. Diese Texte müssen nicht unbedingt vom Mitarbeiter selber kommen, er kann auch Lyriker zitieren. Zwischen den Texteinheiten (höchstens drei bis vier Texte am Stück) ist Instrumentalmusik, auch hausgemachte, durchaus angebracht. Mit ein paar Kerzen mehr, einigen Tannenzweigen und einem heißen Glas Glühwein kann so ein stimmungsvoller Winterabend gestaltet werden.

f) Talkshow

– *Wörtlich übersetzt* heißt Talkshow einfach „Gesprächsveranstaltung". Da wir aber mit Show meistens etwas Künstliches oder Imitiertes verbinden, ist auch das Wort „Talk-Treff" möglich.

– *Journalistisch gesehen* ist die Talkshow ein Interview zur Person. Sie ist kein Meinungsinterview zu Fragen wie z.B. „Was halten Sie von der 35-Stunden-Woche mit vollem Lohnausgleich?" Die Talkshow ist auch kein Interview zur Sache – „Was wurde bei der letzten Herbstsynode beschlossen?" –, denn es geht schwerpunktmäßig nicht um Informationen oder um die Interpretation von Fakten, sondern darum, einen Menschen durch seine Antworten zu skizzieren und vorzustellen. Wird in der Sachdiskussion das Heraushalten der eigenen Person mit ihren jeweiligen Gefühlen und Wünschen angestrebt, so wird in der Talkshow gerade die einzelne Person zum Thema gemacht. Konflikte, Spannungen und Ansichten werden als persönlich erlebte Geschichten und Anekdoten geschildert.

Eine attraktive Talkshow lebt von der authentischen Erzählung. Gerade darin aber sind viele Menschen ungeübt, da für sie der allabendliche Fernseh- und Videokonsum längst an die Stelle von offenen Abendunterhaltungen getreten ist. Die Menschen im alten Israel trafen sich im Stadttor, um zu erzählen; die Indianer versammelten sich um ein Lagerfeuer, um sich Geschichten zu erzählen; die bäuerliche Familie saß um den Kachelofen und erzählte... Und heute? Die Talkshow scheint für viele Menschen der letzte Ort zu sein, wo sie erzählenden Menschen begegnen, die sie an ihrem „gelebten Leben" teilhaben lassen.

– *Psychologisch gesehen* handelt es sich bei der Talkshow um die Schilderung der persönlichen Lebensgeschichte. Dabei malt der Talkgast während seines Gesprächs meist unbewußt vier Bilder: sein Berufsbild (typische Tätigkeit, spezifische Probleme usw.), sein Selbstbild („Eigentlich bin ich ja ein sensibler Typ, aber..."), sein Weltbild („Alle Menschen sind ja Geschöpfe Gottes, deshalb engagiere ich mich für die Dritte Welt...") und sein Gottesbild („...Und dann habe ich gefragt, was sich der große Boß im Himmel wohl dabei gedacht hat..."). Jedes weitere Wort des Gesprächs gleicht weiteren Pinselstrichen an dem Bild, das der Besucher von diesem Abend mit nach Hause nehmen wird.

– *Theologisch gesehen* kann es sich bei der Talkshow um ein Gespräch über den Glauben handeln. Kaum eine andere Verkündigungsform fragt so stark nach Auswirkungen des Glaubens im alltäglichen Leben wie die Talkshow. Sie bietet die Möglichkeit, konkrete Perspektiven für ein lebendiges Christsein aufzuzeigen, sie kann Menschen motivieren, erste Glaubensschritte zu wagen. Klassische Verkündigungsformen wie Predigt und Bibelarbeit wirken auf einen jungen Erwachsenen oft als verkopfte Theorie, die er kaum versteht und die wenig mit seinem Leben zu tun hat.

Eine Talkshow, also das Gespräch von Moderator und Talkgast, verläuft nicht nur nach dem Schema von Frage und Antwort. Vielmehr bringen sich beide als Personen ein und öffnen sich für eine wirkliche Begegnung. Der Redebeitrag des Moderators (moderieren = maßhalten, lenken, leiten) besteht aus der Überleitung zu einem neuen Stichwort („...daß Sie sich in ihrem Beruf voll engagieren..."), aus einer Vorinformation („Sie sind verheiratet und haben drei Kinder...") und der neuen Frage („Wie gehen Sie mit der Spannung Beruf und Familie um?..."). Für den Talkgast empfiehlt sich in der Regel, eine Geschichte oder eine Anekdote zur Frage zu erzählen und anschließend mit einigen interpretierenden Worten die Frage abzuschließen.

Die Atmosphäre eines Talks wird besonders von dem Verhältnis des Moderators zu seinen Talkgästen geprägt. So fällt der Vorbereitung dieser Gespräche eine besondere Bedeutung zu. Gelingt es dem Moderator und dem Talkgast, ein herzliches Verhältnis zueinander aufzubauen, wird dies auf der Bühne spürbar sein.

Nachdem sich ein Gast zu einem Gespräch bereitgefunden hat, versucht der Moderator so viel wie möglich über ihn zu erfahren. Bei prominenten Gästen werden Zeitungsabschnitte und Zeitschriftenartikel gesucht. Bei weniger bekannten Talkgästen ist es eine Hilfe, wenn der Moderator sich in das Berufsbild des Talkgastes einarbeitet. Wer beispielsweise einen Eishockeyspieler als Talkgast begrüßen darf, muß über Regeln und Hintergründe des Eishockeys Bescheid wissen. Gleiches gilt natürlich auch für einen Richter oder Polizisten, für eine Ärztin, Reiterin, Lehrerin, Krankenschwester usw. Eine gründliche Einarbeitung in solche Berufsbilder ist für die Vorbereitung einer Talkshow unverzichtbar. (Vater Staat unterhält dafür teure Bibliotheken, in denen gute Bücher kostenlos ausgeliehen werden können; das Ganze grenzt an Arbeit, lohnt sich jedoch immer...) Auf Grund dieser „Recherchen" skizziert der Moderator für sich den groben Verlauf des Gespräches.

Tips für den Moderator:
- Zeigen Sie Ihrem Talkgast mit einer optimalen Vorbereitung, wie wichtig er für Sie ist.
- Teilen Sie Ihrem Talkgast nicht alle Detailfragen vorher mit. Das Gespräch soll trotz guter Vorbereitung spontan sein.

- Stellen Sie keine Fragen zu Themenbereichen, die vorher nicht abgesprochen waren.
- Stellen Sie nicht mehrere Fragen auf einmal. Das verwirrt den ungeübten Gesprächspartner, und er antwortet unvollständig; der Routinier nutzt das Fragebündel als Chance, den kritischen Fragen auszuweichen.
- Führen Sie ein Gespräch, aber kein Verhör, kein Quiz und kein Kaffeekränzchen.
- Lassen Sie Talkgäste, die zum ersten Mal auf eine Bühne gehen, probesitzen und mit dem Mikrophon probesprechen.

Tips für den Talkgast:
- Bleiben Sie in Ihrer Sprache natürlich! Selbst die lockersten Freaks einer Jugendgruppe reden plötzlich, wenn sie nach ihrem Glauben gefragt werden, in einer völlig anderen Sprache und mit Begriffen wie „gläubig, entschieden, Heilsweg"; sie sprechen von „Gottes Plan für mein Leben" und benutzen Formeln, die für sie vielleicht gerade ein Ausdruck des rechten Glaubens sind, dem Outsider aber schlicht gar nichts sagen.
- Bleiben Sie ehrlich! Auch Christen sind Menschen, die von der Vergebung Gottes leben und Fehler machen. Wer sich als Supermensch präsentieren möchte, ist vielleicht fürs Showgeschäft, nicht aber für eine Talkshow über den Glauben geeignet.
- Korrigieren Sie den Moderator nur in ganz dringenden Fällen. Auf eine falsche Vorinformation des Moderators reagiert ein charmanter Talkgast damit, daß er den Schwerpunkt seiner Antwort auf einen ganz anderen Aspekt der Frage legt.
- Reden Sie unbedingt ohne vorliegendes schriftliches Konzept. Für den Verlauf des Gesprächs ist der Moderator verantwortlich.

4. Was sonst noch wichtig ist...

a) Räume schaffen Atmosphäre

Ob junge Erwachsene ein Heimatgefühl mit ihrer Kneipe verbinden, hängt wesentlich von der Atmosphäre der Räume ab, in denen ein offener Treffpunkt angeboten wird. Die Kreativität der Mitarbeiter ist deshalb von Anfang an von höchster Bedeutung für die Einrichtung des Treffpunktes. Oft lohnt es sich, auch einen Innenarchitekten in die Beratungen mit einzubeziehen. Standort und Einrichtung eines Raumes sind der Ausgangspunkt, um die Konzeption für einen Treffpunkt zu entwickeln.

Lage/Standort

Ist ein Treffpunkt zentral gelegen, so ist „Laufkundschaft" zu erwarten, d.h. es ist mit spontanen Besuchern zu rechnen. Liegt der Raum außerhalb eines Zentrums, läßt sich fast nur noch eine Kneipe mit Live-Programm realisieren, um die Anziehungskraft des Treffpunktes für ein bestimmtes Publikum nachhaltig zu erhöhen. Andererseits ist ein zentral gelegener Raum oft mit hohen Auflagen verbunden (Parkplätze, Lärmbelästigung, hohe Mieten usw.).

Technik

Hat man die Chance, einen Raum von Grund auf auszubauen, ist auf eine optimale Stromversorgung zu achten. Wenn Mikrowellenherd, Spülmaschine und PA-Verstärkeranlage zur gleichen Zeit laufen, so bedeutet dies eine hohe Belastung für das versorgende Stromnetz. Getrennte Stromkreise verhindern das Auftreten von Kurzschlüssen und Überlastungen; für die Bühne empfiehlt sich ein Drehstromanschluß. Entsprechende Beleuchtungsvorrichtungen sind vorzusehen, falls regelmäßig eine Disco angeboten werden soll. Eine Stereoanlage mit guten Boxen gehört zur Grundausstattung eines jeden Treffpunktes. Und: Kaufen Sie gleich einen CD-Player!

Für die Bühne reicht in der Regel ein 20-30 cm hohes Podest; am besten eignen sich tragbare Elemente, die variierbar sind. Die Beleuchtung sollte natürlich unabhängig von der Saalbeleuchtung regelbar sein.

Litfaßsäule
Eine selbstgebastelte Litfaßsäule, in der Mitte des Raumes oder in die Leseecke integriert, bietet viele Möglichkeiten nicht nur der Information: Neben den Aktualitäten zum Programm kann die Säule als eine Art „Klagemauer" dienen, bei der Kritik, Lob und Anregungen angeheftet werden. Außerdem finden sich dort Mietgesuche, Gebrauchtwagenangebote etc., so daß die Litfaßsäule auch hilft, ein bestimmtes „Milieu" zu pflegen.

Geschirr
„Das nehmen wir vom Gemeindehaus!" – Bitte nicht! Weiße Tassen, die eher an ein Diakonissen-Mutterhaus erinnern, erzeugen nicht gerade eine Bistro-Atmosphäre. Der Großhandel (Metro, IKEA) verfügt über ein weitgefächertes Angebot an kostengünstigem, stilvollem Geschirr. Natürlich sollte auch das Geschirr zu Tisch, Lampe und sonstiger Einrichtung passen...

Leseecke
Eine Leseecke mit aktuellen Tageszeitungen und Zeitschriften macht viel Atmosphäre und ist ein hilfreicher Service für die Besucher. Je nach Zielgruppe: Süddeutsche Zeitung, Lokalzeitung, die ZEIT, die taz, der SPIEGEL; je nach Lifestyle der Besucher die entsprechenden Publikumszeitschriften: Cosmopolitan, Wiener, Tempo usw. Ausländische Zeitungen wie die Times, Le Monde oder die Neue Zürcher Zeitung machen besonders viel Eindruck. Für einen Treffpunkt, der nur einen Werktag in der Woche geöffnet hat, ist das ein Service, der nicht sehr teuer ist und gleichzeitig den Mitarbeitern die Möglichkeit bietet, sich umfassend über die Szene zu informieren...

b) Wer hat so viel Geld?

Wer bis hierher gelesen und vielleicht so richtig Lust bekommen hat, ein Café oder eine Kneipe aufzumachen, der wird hier nicht zum ersten Mal vor der Frage stehen: Wer soll das bezahlen?

Wer nicht auf einen weitsichtigen Kirchengemeinderat trifft, der im neuen Gemeindehaus ein großzügiges Foyer mit Cafébestuhlung vorgesehen hat, wer in seiner Nähe keinen Bürgermeister hat, der händeringend nach einem Träger für sein Jugendzentrum sucht, und wer den Knebelvertrag mit einer Brauerei nicht unterschreiben will, der braucht mindestens DM 10.000,- bis DM 50.000,-, um in einem Keller, in einer Scheune oder ähnlichem sein Kneipencafé einzurichten. Geht man davon aus, daß zu diesem Zweck weder das private Sparbuch geplündert noch der Bausparvertrag gekündigt werden soll, dann bleibt bloß noch der Weg über Zuschüsse vom Amt für Jugendarbeit der zuständigen Landeskirche und vom Stadtjugendausschuß oder Stadtjugendring. Auch Sponsoren dürfen Sie ansprechen! Der Name einer großen Bank oder eines Autohauses auf Ihrer Speisekarte? Ja, wenn's gar nicht anders geht! Zuvor allerdings können vermögende Damen und Herren getrost auf vergangene Jugendzeiten beim CVJM oder im Jugendwerk angesprochen werden...

Ein guter Bistrostuhl kostete im Herbst '90 bei IKEA ungefähr DM 100,-, ein kleiner runder Bistro-Marmortisch etwa DM 200,- und die dazu passende Lampe ungefähr DM 80,-. Ist die Einrichtung aber vorhanden, müssen die laufenden Kosten (Essen und Trinken, Programm und Werbung, Tageszeitung, Neuanschaffungen) durch die Einnahmen (Eintritt, Verkauf von Essen und Getränken) unbedingt abgedeckt werden. Ein gutes kulturelles Angebot trägt sich selber. Bei der Festsetzung der Preise orientiert man sich ohne weiteres an einem durchschnittlichen Bistro in der näheren Umgebung. Vielleicht mit einem Unterschied: die alkoholischen Getränke sind nicht billiger als Säfte, Cola usw.

Wer zuvor erst einmal testen will, ob überhaupt ein „Markt" für eine christliche Kneipe in seinem Heimatort vorhanden ist, der miete einen geeigneten Nebenraum in einer Gaststätte, die ein nicht allzu gutbürgerliches Image hat, und biete ein anspruchsvolles Programm mit Musik und Talkshow an. Nach drei bis vier Abenden – über ein halbes Jahr verteilt – werden die Mitarbeiter sicherlich wissen, ob der Traum von einer Programmkneipe in ihrem Ort realisierbar ist.

Eintrittskarten
Besser als Andreas Malessa in seinem Buch „Tausend Tips für Mitarbeiter" kann ich die Bedeutung einer Eintrittskarte auch nicht schildern: „Drückt Jugendleiterin Lieschen Müller ihrer Freundin Klara Meier einen noch so tollen Einladungszettel in die Hand, ist es trotzdem sehr wahrscheinlich, daß Klara nicht zum Konzert kommt, sondern lieber ‚Dallas' guckt. Drückt Lieschen Müller ihr aber eine Eintrittskarte im Wert von 5,- DM in die Hand und sagt: ‚Darf ich dir eine Karte für unser Konzert schenken?' – dann wird Klara vermutlich vor Wertschätzung tief erröten und Punkt acht Uhr schon recht positiv eingestimmt in den kirchlichen Bänken sitzen. (Und für Lieschen Müller sind 5,- DM nun echt kein Geld, wenn sie selbst als aktive Mitarbeiterin sowieso umsonst reingekommen wäre.)"[27]

Die Eintrittskarte ist also nicht nur eine Möglichkeit, die entstandenen Kosten für das Programm abzudecken, sondern kirchlich fernstehende Menschen auch wirklich anzusprechen.

Programmkosten
Wer Musiker, Pantomime, Lyriker, Kabarettisten, Talkgäste usw. auf seine Bühne einlädt, ist gut beraten, gleich bei der Anfrage einen Komplettpreis für Honorar inklusive Mehrwertsteuer, Fahrtkosten und Anlagepauschale zu vereinbaren. Nachträgliche Änderungswünsche sind für beide Seiten ärgerlich. Geht es um Geld, können Absprachen nie konkret

genug sein. So wurde manchem schon der eindrücklichste Abend kräftig verdorben, indem er anschließend mit den jeweiligen Musikern um DM 50,- feilschen mußte...

Für Künstler, die nebenberuflich Musik oder Pantomime machen, wird im Moment ein Honorar von DM 150,- bis DM 300,- pro Person und Abend gezahlt; hinzu kommen die Fahrtkosten, die je nach Entfernung zum Veranstaltungsort höher als das Honorar sein können. Abgerechnet wird in der Regel in bar am Ende des Abends. Ein wirklich gutes kulturelles Programm ist unter DM 750,- kaum noch zu haben. Deshalb empfiehlt sich folgende Kostenrechnung: Bei einem Café mit 75 Sitzplätzen muß der Eintrittspreis bei DM 10,- liegen, sollen die DM 750,- für die direkten Programmkosten abgedeckt werden.

GEMA[28]

Bei offenen Treffpunkten mit einem musikalischen Live-Programm erhebt die GEMA (Gesellschaft für musikalische Aufführungsrechte) Gebühren. Die Gebührenpflicht entfällt nur, wenn:

– kein Eintrittsgeld erhoben wird und

– der Interpret ausschließlich eigene Lieder zur Aufführung bringt, deren Rechte er selber noch nicht an Dritte abgetreten hat (etwa durch LP-, CD- oder MC-Produktionen).

Da diese zwei Voraussetzungen selten erfüllt werden, ist nach den gesetzlichen Bestimmungen die Aufführung meldepflichtig. Und das geht so: Die GEMA wird spätestens drei Tage vor der Veranstaltung vom Veranstalter über das geplante Konzert informiert. (GEMA, Bayreuther Str. 37, 1000 Berlin 30, oder Herzog-Wilhelm-Str. 28, 8000 München 2). Die GEMA schickt dann einen Fragebogen mit einer Liste, in der die einzelnen Künstler des Abends eingetragen werden. Diese Liste schickt der Veranstalter zurück und bekommt dann die Rechnung...

Wird die Veranstaltung nicht gemeldet, gibt es zwei Möglichkeiten: entweder die GEMA hat die Veranstaltung übersehen, oder die Rechnung kommt anschließend, dann allerdings – ohne vorherige Meldung – zum doppelten Tarif...

Schankerlaubnis
Ein offener Treffpunkt mit regelmäßigen Öffnungszeiten bedarf einer Schankerlaubnis. Diese erteilt das zuständige Gewerbeaufsichtsamt bei der Polizeibehörde oder im Bürgermeisteramt. In kleineren Städten und Ortschaften wendet man sich direkt an den Bürgermeister mit der Bitte, in einem persönlichen Gespräch das Anliegen vortragen zu dürfen.

Mit Hinweis auf die Gemeinnützigkeit des Trägers bittet man um die gebührenfreie Genehmigung und möglichst geringe Auflagen. Erfahrungsgemäß wird die Schankerlaubnis für einen offenen Treffpunkt, der ein- oder zweimal in der Woche geöffnet hat, unter folgenden Voraussetzungen erteilt:
– Mindestens einer der für die Küche verantwortlichen Mitarbeiter verfügt über ein Gesundheitszeugnis.
– Die gastronomischen Betriebe in der direkten Nachbarschaft erheben keinen Einspruch.
– Es wird kein Überschuß oder Gewinn erwirtschaftet.
– Den Damen und Herren steht jeweils ein getrenntes WC zur Verfügung.

Ist der offene Treffpunkt gar nur einmal im Monat geöffnet (beispielsweise in der Anfangsphase), entfallen in der Regel auch diese Auflagen. In diesem Fall empfiehlt es sich, zu Jahresbeginn gleich alle 12 monatlichen Sondergenehmigungen für eine Schankerlaubnis zu beantragen. Da es lokale Unterschiede gibt, ist ein persönlicher Kontakt mit der zuständigen Behörde in jedem Fall ratsam.

c) Werben mit guten Ideen
Werben heißt: „sich um Menschen mühen" (Duden). In einer Zeit, in der unser alltägliches Leben von Werbung überflutet wird, ist die persönliche Einladung im Kontext einer zwischenmenschlichen Beziehung die wirksamste Form der Werbung. Die nun beschriebenen Werbemöglichkeiten sind

als Hilfe und Ergänzung zu den persönlichen Einladungen zu verstehen:

Name und Signet

Der Name einer Kneipe oder eines Cafés ist die erste Möglichkeit, dem offenen Treffpunkt ein unverwechselbares und individuelles Image zu verleihen. Auch kann der Name Ziel und Anliegen der Kneipe andeuten und dabei natürlich auch eine bestimmte Zielgruppe ansprechen. Bewährt hat sich ein „Brainstorming". Egal, was den Mitarbeitern zu diesem Projekt einfällt, es wird aufgeschrieben. Danach startet man im Bekanntenkreis mit 10-15 Namensvorschlägen eine Mini-Umfrage: „Welcher Name spricht dich am stärksten an?"

Ist der Name gefunden, geht es an den grafischen Entwurf. Wenn es im Bekanntenkreis keinen Werbedesigner gibt, so sollte man getrost eine Werbeagentur beauftragen. Diese DM 1.000,- sind gut angelegt! Aber bitte: den Preis vorher ausmachen.

Einladungsprospekt

Ein Einladungsprospekt, attraktiv gestaltet, aus dem die Programm-Highlights der nächsten Monate hervorgehen und wo kurz das Konzept und das Anliegen des Treffpunktes angedeutet werden, gehört zum absoluten Muß. Kommen zu den einzelnen Veranstaltungsankündigungen auch noch treffende Zitate, wird der Einladungsprospekt zu einer angenehmen Lektüre. Manche Treffpunkte, etwa das Café Merlin in Stuttgart, haben eine Kneipenzeitung entwickelt, die jeden Monat erscheint. Hier werden die Künstler ausführlich vorgestellt, über den Träger berichtet, Leserbriefe veröffentlicht usw. Auch ein Postversand für Besucher, die nicht regelmäßig zum Café kommen können, ist möglich.

Presse

Für einen Treffpunkt ist es wichtig, immer wieder ins öffentliche Bewußtsein zu kommen. Regelmäßige Berichte über das geplante Programm haben deshalb eine Langzeitwirkung: wird ein Nachbar oder ein Bekannter von einem Mitarbeiter zum Treffpunkt eingeladen, ist es äußerst hilfreich, wenn dieser den Namen des Cafés oder der Kneipe schon einmal gehört hat...

Treffpunkte mit Live-Musik schicken eine Woche vor der zu bewerbenden Veranstaltung einen Pressetext mit Schwarz-Weiß-Bild an die Lokalredaktion der Tageszeitung und an die entsprechenden Kulturblätter. Einen Tag nach dem Konzert erhalten die Redaktionen einen kurzen Bericht von einem Mitarbeiter, aus dem ausführlich die Fakten hervorgehen (Besucherzahl, Atmosphäre des Abends, Namen und Anliegen der Künstler, die Meinung eines Besuchers oder ähnliches). Es wird nicht immer alles gedruckt werden, doch meistens lohnt es sich trotzdem.

Die Zeitungsabschnitte werden gesammelt, sie sind eine interessante Dokumentation für die Geschichte des Treffpunktes. Auch wenn kein Live-Programm geplant ist, kann der Treffpunkt unter der Rubrik „Wohin heute?“ an dem geöffneten Wochentag in der Tagespresse Erwähnung finden.

Rundfunk

Die Redaktionen der lokalen Sender bekommen ebenfalls das Pressematerial eine Woche vor Veranstaltungsbeginn. Auch sie senden täglich Veranstaltungshinweise und freuen sich über jede lokale Information. Beiläufig kann erwähnt werden, daß der eingeladene Künstler honorarfrei für ein Kurzinterview im Sender zur Verfügung steht.

„Songs nach Acht“ heißt die Rundfunksendung, die Andreas Malessa jeden Sonntagmorgen mit christlicher Pop-Musik im Bereich des Süddeutschen Rundfunks (SDR 3, UKW 99,9) moderiert. Auch er freut sich über jeden Info-Tip, den er unter der Rubrik „Veranstaltungshinweise“ weitergeben kann. (Infos an: Andreas Malessa, Süddeutscher Rundfunk, Postfach 10 60 40, 7000 Stuttgart 10.)

Speisekarte
Die Speisekarte ist die Visitenkarte eines Cafés und einer Kneipe. Aus ihr gehen nicht nur Speise und Getränkeangebote, sondern auch Informationen über das Café und die Kneipe, etwa unter dem Stichwort „Wir über uns", hervor. Gerade für den neuen Gast ist dies eine interessante Lektüre. Die Gestaltung der Speisekarte sagt sehr viel über das Selbstverständnis des Treffpunktes aus. Handelt es sich um ein abgenudeltes Faltblatt, auf dem noch die Speisefolge des vorletzten Gastes erkennbar ist, braucht sich niemand zu wundern, wenn der Besucher nach dem ersten Kaffee bezahlen möchte. Bewährt hat sich ein phantasievoll gestaltetes Format von 21 x 20 cm, das in der Mitte gefaltet ist und in dessen Innenseite (durch eine Goldschnur gehalten) die kopierte, aber handgeschriebene Speisekarte einliegt. Die Außenseite paßt gut zu Kerzen, Lampen und Tischdecken, die Innenseite ist gut austauschbar, da sich Preise und Angebote ja auch ändern werden...

d) Gesucht: Kreative Mitarbeiter

Was sind das für Menschen, die fünf bis zehn Stunden in der Woche von ihrer Freizeit für andere Leute Tisch decken, Kaffee kochen, servieren, ausfegen, Salat putzen, organisieren, einkaufen und noch vieles andere mehr, ohne dafür auch nur einen Pfennig zu sehen? Außerdem setzen sie sich einigem Stirnrunzeln und mißtrauischen Rückfragen bei Bürgermeister, Gewerbeaufsichtsamt und Kirchengemeinderat aus, wenn sie mit ihrem Anliegen rausrücken, „ein Café aufmachen" zu wollen. Stellen dann auch noch die ersten vereinzelten Besucher Vergleiche mit ihrer bisherigen Lieblingsdisko an oder mokieren sich, warum es denn hier kein „frisch gezapftes Faßbier gibt", ja dann sind diese Mitarbeiter dennoch bereit, ihr Vorhaben weiter durchzuziehen.

Gibt es denn wirklich solche Menschen, die fleißige Arbeiter, kreative Gestalter, betende Christen, geduldige Zuhörer und bei allem noch kluge Rechner sind? Ja, solche Mitarbeiter gibt es, und sie sind das tatsächliche Geheimnis eines jeden offenen Treffpunktes. Für mich war die Begegnung mit diesen Mitarbeitern der bewegendste Augenblick in der Vorbereitung für dieses Buch: Kurz vor 24 Uhr, die meisten Gäste sind bereits gegangen, setzen sie sich zu mir in verschwitztem Pullover, das Geschirrtuch um den Hals, den prall gefüllten Geldbeutel des Servierers in der Hand. Kaputt, aber glücklich erzählen sie mir von „ihrem Café".

Die Mitarbeiter lieben das Milieu des Cafés und der Kneipe, in der sie arbeiten; sie lieben ihre Gäste, und das macht diese Art von offenen Treffpunkten konkurrenzlos anziehend. Deshalb ist der Treffpunkt, so einfach und schlicht er auch gestaltet ist, jeder kommerziellen Disko mit 5000-Watt-Lautsprechern und Laserstrahlen überlegen. Die meisten dieser Mitarbeiter sind geprägt von einer geistlichen Tiefe, die sie aber nicht jedem gleich auf den Kopf zusagen, die man ihnen aber dennoch abspürt. Der ideale Mitarbeiter bei einem offenen Treffpunkt unter kirchlicher Trägerschaft zeichnet sich deshalb durch eine geistliche Mitte und eine große weltliche Weite aus.

Die Mitarbeiter bilden zusammen den „Trägerkreis" für den offenen Treffpunkt. Diese Gemeinschaft ist das eigentliche Rückgrat eines Cafés. Zu diesem Trägerkreis einige Bemerkungen:

Mitarbeitertreffen

Regelmäßige Mitarbeitertreffen (am besten einmal im Monat) haben sich bewährt. Hier kann über alles gesprochen werden, auch über Enttäuschungen und Konflikte und allzu Menschliches. Offenheit nach innen und Diskretion nach außen zeichnen einen solchen Mitarbeitertreff aus. Am Anfang gibt man sich selber eine Tagesordnung für den Mitarbeiterabend. Jeder Mitarbeiter kann aus seinem übernommenen Aufgabenfeld berichten. Das Ergebnis hält man am besten in einem kurzen Ergebnisprotokoll fest.

Wer ist Mitarbeiter?

Schon nach wenigen Monaten wird sich der Mitarbeiterkreis verändern: einige haben sich das Ganze doch nicht ganz so „stressig" vorgestellt, andere wechseln aus beruflichen Gründen den Wohnort, und wieder andere – besonders Stammgäste – möchten nun plötzlich selber mitarbeiten. Wie begabt, fleißig, normal, fromm darf oder muß ein Mitarbeiter sein? Die Antwort auf diese Frage muß sich der Trägerkreis selber geben, sowohl grundsätzlich als auch im Einzelfall. Es wird niemand Mitarbeiter ohne einmütigen Beschluß im bestehenden Mitarbeiterkreis. Ich persönlich meine, die Bereitschaft zur verbindlichen Mitarbeit und das grundsätzliche Einverständnis zur bisherigen Konzeption des Treffpunktes reichen als Kriterium für einen Mitarbeiter aus. Alle weiteren Fragen – geistliche Reife, Frömmigkeitsstil, charakterliche Eigenschaften, Begabungen – sind sekundär und gewährleisten eine bunte Vielfalt im Mitarbeiterkreis. Wird diese Vielfalt als Reichtum begriffen, werden sich auch Menschen aus unterschiedlichsten sozialen Zusammenhängen vom Café angezogen fühlen.

Gaben und Aufgaben

Die Gaben des einzelnen bestimmen seine Aufgaben im offenen Treffpunkt! Aufgaben werden allerdings nicht auf Lebenszeit übertragen, sondern immer nur für ein Kalenderjahr. Nach einem Jahr reflektiert man dann gründlich und kann die Aufgaben neu unter den Mitarbeitern verteilen. So bilden sich keine Erbhöfe, und die ganze Konzeption des Treffpunktes wird wenigstens einmal im Jahr kräftig hinterfragt. Außerdem macht diese Praxis Mut zum Engagement. Die Mitarbeiter übernehmen eine Aufgabe zeitlich befristet, dafür aber verbindlich. Das erspart viel Frust und menschliche Enttäuschungen und senkt die Schwelle der Bereitschaft zur Mitarbeit ein wenig.

IV. Veranstaltungen für junge Erwachsene

„Die Bitte um den Heiligen Geist beantwortet
Gott mit der Gabe von guten Einfällen."

Rudolf Bohren

Im folgenden möchte ich einige Modelle für Veranstaltungen vorstellen, die für junge Erwachsene geplant und durchgeführt werden können. Vieles von dem, was im letzten Kapitel zu den Stichworten Verkündigungsformen, Werbung, Räume usw. beschrieben wurde, hat natürlich auch hier Bedeutung. Ich verstehe diese Ideen als Anregungen, die vor Ort weiterentwickelt werden müssen.

1. Konzerte

Konzerte sind zur klassischen Form der jugendkulturellen Arbeit mit jungen Menschen geworden. Konzerte mit Bands, Liedermachern, Jugendchören und Instrumentalgruppen sind aber leider weitgehend zu Insider-Veranstaltungen verkommen, bei denen der Konsumcharakter im Vordergrund steht. Nur wenn Konzerte und Festivals in ein Kommunikationskonzept eingebunden sind, können sie noch eine Möglichkeit in der Arbeit mit jungen Erwachsenen darstellen: Die Mitarbeiter verstehen sich vorrangig als Gesprächspartner; eine geeignete Café- und Bistrobestuhlung sorgt dafür, daß die *Begegnung* zu einem festen Bestandteil des Programms werden kann. Info-Stände, Platten-Tische und Aktionsstände, kreative Einlagen, Sketche, Videoclips, Kurzfilm usw. bereichern jedes Konzertprogramm und verankern das Konzert vor Ort.

2. Abend der leisen Töne

Eine Geschichte aus der Bibel wird durch verschiedene kulturelle Ausdrucksformen interpretiert: Tanz, Pantomime, Instrumentalmusik, Lyrik und Chansons eines Liedermachers. Zwischen diesen Programmelementen wird eine biblische Geschichte spannend erzählt oder in einer eindrücklichen Übersetzung vorgelesen. Eine Bühne mit gut ausgestatteter Beleuchtung (verschiedene Farben, wechselndes Licht) hilft erheblich, den Abend zu einem konzentrierten Erlebnis zu machen. Für alle Mitwirkenden ist eine intensive gemeinsame Vorbereitung erforderlich. Eine Geschichte aus der Bibel wird so in ihrer literarischen und geistlichen Kraft neu erlebt. Der Abend der leisen Töne ist sowohl mit „Profi-Besetzung" als auch auf Gemeinde- und Gruppenebene durchführbar.

3. Das Nachtcafé

Im Rahmen von Konferenzen, Tagungen, Festivals und Freizeiten kann an den Abenden eine „Programmkneipe auf Zeit" in Form eines Nachtcafés angeboten werden. Musik mit kleiner Besetzung, Talkshow, lyrische Versuche und vieles andere, was im vorhergehenden Kapitel beschrieben wurde, kann hier realisiert werden. Dabei wird natürlich das Gesamtthema der Tagung, des Treffens, der Freizeit usw. aufgenommen.

4. Planspiele

Angeregt durch ein eher historisch-wissenschaftlich orientiertes Vorbild in den USA entstand die Idee, zu zentralen biblischen Themen Planspiele zu entwickeln. Nach einer Vorbereitungsphase (Textbegegnung, auch mit Hilfe von Bibellexika) bekommt jeder Teilnehmer eine Rolle, und das Planspiel kann beginnen. Genaue Rollenbeschreibungen der einzelnen Personen verkürzen die Vorbereitungsphase. Vorkenntnisse über biblische Zusammenhänge sind nicht erforderlich. Die Spieldauer kann zwei Stunden betragen oder auch über ein ganzes Wochenende geplant werden. Dabei lernen junge Erwachsene im Spiel die Bibel kennen und verstehen. Beispiele: Landtag zu Sichem, Zerstörung Jerusalems, Apostelkonzil usw.[29]

5. Die Filmwoche

In einem Programmkino führen Christen aus verschiedenen Kirchen in enger Zusammenarbeit mit dem örtlichen Kino eine Filmwoche z.B. zur Bibel durch. Kinobesitzer sind in der Regel für ein solches Vorhaben sehr offen – vorausgesetzt, die Filmwoche wird durch intensive Werbung unterstützt. Die Abende können durchaus unterschiedlichen Charakter haben: Dokumentarfilme mit anschließender Podiumsdiskussion, Spielfilme wie „Jesus von Montreal" und anschließende Talkshow mit dem Regisseur des Films, Musik-Filme von U 2 oder Cliff Richard, gefolgt von Live-Musik einer örtlichen Band. In jedem Fall sollten jeden Abend Angebote gestaltet werden, die weit über eine Filmvorführung hinausgehen. Besonders geeignet für eine Filmwoche zur Bibel ist die Woche vor oder nach Ostern. Bei der Auswahl der Filme läßt man sich am besten vom Kinobesitzer beraten oder setzt sich mit dem Katholischen Filmwerk, Postfach 11152, 6000 Frankfurt/M. 11, Tel. 0 69 - 75 20 88, oder dem Atlas-Film-Verleih, Ludgeristr. 14-16, 4100 Duisburg 1, Tel. 02 03 - 30 80, in Verbindung.[30]

6. Volkshochschulkurse

Pädagogen, Sozialarbeiter, Diakone, Pfarrer usw. setzen sich mit ihrer örtlichen Volkshochschule in Verbindung und bitten darum, bestimmte Kurse in das offizielle Volkshochschulprogramm aufzunehmen. Solche Angebote erfordern qualifizierte Mitarbeiter und eine gute Vorbereitung. Sie bie-

ten die einmalige Chance, in einer Gruppe, die fast ausschließlich aus Menschen besteht, die der Kirche eher kritisch gegenüberstehen, gründlich und voraussetzungslos über den Glauben zu informieren. Die organisatorische Arbeit (Anmeldungen, Zusendung des Kursprogramms usw.) wird komplett von der Volkshochschule übernommen.
Kursthemen könnten sein:

- „Wie rede ich mit meinen Kindern über den Tod?"
- „Meditation – Texte aus der Bibel und ihre tiefere Symbolik"
- „Glaubenskurs – Katechismus für Einsteiger"
- „Die Bibel – ein Buch mit sieben Siegeln?"

Von einem Kurs in der Volkshochschule erwartet der junge Erwachsene eine sachliche und gründliche Information über Glaube und Bibel. Die begrenzte Anzahl der Abende und die hohe Akzeptanz einer öffentlichen Einrichtung machen solche Glaubenskurse in der Volkshochschule fast zu einem „Geheimtip" in der Arbeit mit jungen Erwachsenen.

7. Kreativkurse

Für drei bis sieben Abende, an jeweils gleichen Wochentagen, bieten speziell interessierte oder begabte Mitarbeiter Kurse an, um mit verbindlich angemeldeten Teilnehmern kreativ zu arbeiten. Marionettenkurse, Puppenkurse, Lyrikkurse, Pantomimenkurse, Theaterkurse, Flötenkurse, Gitarrenkurse usw. sind möglich. Diese projektbezogenen Angebote sind zeitlich überschaubar und bieten optimale Möglichkeiten der Begegnung. Die ideale Gruppengröße liegt zwischen 5 und 15 Personen. Die Kurse sind in fast jedem Gemeindehaus möglich, treffen die Mitarbeiter nur auf einen verständnisvollen Hausmeister...

8. Autorenlesungen

Autoren, die sich als Christen verstehen, werden zu einer Lesung in einer Buchhandlung oder in einem Ladencafé eingeladen. Bewährt haben sich Veranstaltungen am frühen Abend oder am späten Sonntagnachmittag, also außerhalb der Geschäftszeit. Die Zahl der Besucher – die persönlich mit Eintrittskarte eingeladen werden – liegt in der Regel zwischen 20 und 30 Personen. Bei Sekt und Orangensaft gibt es anschließend an die Lesung eine persönliche Begegnung mit dem Autor. Natürlich werden bei solchen Autorenlesungen auch auf die normalen Angebote der Gemeinde bzw. des jungen Erwachsenenkreises hingewiesen.

9. Shows

Wem beim Stichwort „christliche Show" nur ein wild gestikulierender Fernsehprediger einfällt, welcher – unterbrochen von einigen rührigen Schnulzen – refrainartig die Bankverbindung seines Missionswerkes zitiert, der hat noch nie eine gut vorbereitete, spannende und unterhaltsame Show erlebt. Eine gelungene Show lebt von interessanten Talkgästen, virtuosen Musikern, lustigem Kabarett und einem Moderator, der überzeugt ist von seinen eingeladenen Gästen und der auch gegensätzliche Programmelemente in seiner Person zu verbinden weiß. Wer eine gelungene Show erlebt, wird nicht nur gut unterhalten, sondern wird auch offen für einen spielerischen Umgang mit Themen und Inhalten. Wenn Uri Geller die Löffel biegt, Tina Turner von ihrem Talismann erzählt, Udo Lindenberg über die Yuppies herzieht („Wir wollen das Hemd von La Protz und die Uhr von Swotz...") oder bei „Tutti-Frutti" die Hüllen fallen, dann ist das natürlich nicht nur gute Unterhaltung, sondern der Zuschauer begegnet bewußt oder unbewußt bestimmten Wertvorstellungen. Eine christliche Show will nichts anderes als jede andere gute Show: auf eine spielerische und unterhaltsame Art Zugang zu Menschen mit bestimmten Lebensverständnissen und Wertvorstellungen ermöglichen.

Da der normale Bundesbürger immer noch mit einer erstaunlichen Selbstverständlichkeit davon ausgeht, daß christliche Inhalte in steifer und altmodischer Form daherkommen müssen, besteht die große Chance der christlichen Show in ihrem Überraschungseffekt. So begegnen die meisten Outsider zwischen leidenschaftlich vorgetragenen Rock-Balladen, ausdrucksstarker Pantomime und humorvollen Talkgästen, die auch mal über sich selber lachen können, völlig unverhofft dem Evangelium. So wie bei jungen Erwachsenen Gottesbilder oft über den konkreten Lebensstil der Christen entstehen, werden durch gelungene christliche Shows entstellte Gottesbilder korrigiert. Wer wirklich der Welt (und nicht nur angereisten frommen Festivaltouristen) das Evangelium verkündigen will, der wird auch keine Scheu davor haben, Prominente zu Wort kommen zu lassen, die sich nicht als Christen zu verstehen geben. Der Bundesligatrainer, die Frauenbeauftragte der Stadt, Vertreter von Amnesty International oder Greenpeace „ziehen" nicht nur ihr eigenes Publikum, sondern können auch gute inhaltliche Impulse zum Thema des Abends setzen.

Werden bei christlichen Shows dann auch noch die Werbung, die Moderation und die evangelistische Rede professionell gestaltet, so verlassen junge Erwachsene den Saal mit einem anerkennenden Kopfnicken auch dann, wenn sie den erlebten Inhalten kritisch gegenüberstehen. Die evangelistische Rede ist hier zu verstehen als eine Art Vorgespräch mit den Besuchern, das anschließend von den entsprechend geschulten Mitarbeitern in der Pause oder an den Tischen weitergeführt werden kann. Spürt der Gast an diesen Abenden dann auch noch etwas von „Lokalkolorit", so wird diese Show ganz sicher zum Stadtgespräch.

10. Ausstellungen

In Ausstellungen können Arbeiten von Künstlern, die sich in ihrem Werk z.B. mit biblischen Motiven auseinandersetzen, präsentiert werden. Als Ausstellungsräume eignen sich besonders die Foyers von Banken und Rathäusern, aber auch von Kultureinrichtungen und größeren Gemeindehäusern. Natürlich können auch Galerien und Museen angesprochen werden. Eine Ausstellungsdauer von drei bis fünf Wochen hat sich für kleinere Ausstellungen bewährt. Sollen hauptsächlich junge Erwachsene angesprochen werden, ist die Begegnung mit dem Künstler ein zentrales Element der Konzeption. Neben dem eigentlichen Besuch der Ausstellung (eine kurze schriftliche Einführung in das Werk des Künstlers bekommt ohnehin jeder Besucher) sind folgende Angebote möglich:

- *Führungen*
  Der Künstler führt drei bis fünf ehrenamtliche Mitarbeiter in sein Werk ein und befähigt diese zu eigenständigen Führungen. Die Mitarbeiter, die für die Führungen verantwortlich sind, stehen anschließend als Gesprächspartner zur Verfügung. An den Werktagen können Führungen zweimal täglich, an den Wochenenden zu jeder vollen Stunde angeboten werden.

- *Veranstaltungen*
  Neben einer professionellen Präsentation erhöht vor allem ein attraktives Veranstaltungskonzept die öffentliche Wirkung einer Ausstellung: Je nachdem, wieviel finanzielle Mittel, Zeit und Engagement investiert werden können, bieten Vernissage (Eröffnung), Konzert und Vortragsabende zu den Themen der Ausstellung eindrucksvolle Möglichkeiten der Gestaltung. Auf eine Vernissage sollte auf keinen Fall verzichtet werden. Nach der Begrüßung des Gastgebers (je nach Ausstellungsort: Ortspfarrer, Bankdirektor, Galerist) wird eine Einführung in das Werk des Künstlers gegeben.

Diese kann ein Kunsthistoriker, Kunstliebhaber, Kulturreferent oder der Künstler selber übernehmen. Auch können Grußworte vom Bürgermeister usw. gesprochen werden. Eine persönliche Erläuterung des Künstlers zu den einzelnen Arbeiten gibt den Besuchern Gelegenheit, ihn und sein Werk aus nächster Nähe kennenzulernen. Eine kleine Bewirtung mit Sekt, Orangensaft und Salzgebäck ist selbstverständlich. Für die eingeladenen Pressevertreter liegt eine Pressemappe aus, die ein Schwarz-Weiß-Bild des Künstlers enthält, zwei Fotos seiner Arbeiten, einen Lebenslauf und eine kurze Würdigung seines Werkes.

Eine wirkliche Begegnung zwischen den Ausstellungsbesuchern, den Veranstaltern und dem Künstler findet in der Regel bei Führungen und Veranstaltungen statt. Die bildende Kunst, eine traditionelle Form christlicher Verkündigung, ist eine großartige Möglichkeit, mit Menschen, die dem Glauben und der Kirche eher kritisch gegenüberstehen, in ein offenes Gespräch zu kommen.[31]

V. Ausblick: Lifestyle und Nachfolge

„Wir Christen sind die einzige Bibel,
die heute noch von einer breiten
Bevölkerungsschicht gelesen wird
– aber ich fürchte,
wir sind die schlechteste Übersetzung."

Hans-Joachim Eckstein

1. Auf der Suche nach einer neuen Lebensform

Hudson Taylor, der große China-Missionar, wurde zeitweise von seiner aussendenden Missionsgesellschaft ausgeschlossen, weil er den Lifestyle der Chinesen übernommen hatte: Er trug keine europäischen Kleider mehr, ließ sich einen Zopf wachsen, er aß, redete und kleidete sich wie ein Chinese. Hudson Taylor hatte erkannt: Die Chinesen müssen auf das Evangelium von Jesus Christus eine eigene Antwort, einen eigenen Lifestyle finden. Im Bereich der „äußeren Mission" ist heute unumstritten, daß es ein Fehler war, mit dem Evangelium auch den westlichen Lebensstil weiterzugeben. Die Kirche Jesu Christi muß heute in jedem Land der Erde ihre eigene kulturelle Identität finden.

Obwohl in der Bundesrepublik viel von einer multikulturellen Gesellschaft geredet wird, kommen nur wenige Christen auf den Gedanken, die genannten Erfahrungen in der äußeren Mission wenigstens ansatzweise auf die Situation im eigenen Land zu übertragen. Von kirchlicher Seite wird immer noch der Eindruck erweckt, im großen und ganzen könne Glaubensvermittlung immer noch durch Erziehung, also nach dem traditionellen volkskirchlichen Modell, geschehen. Auf pietistischer und evangelikaler Seite wird zwar viel von Evangelisation gesprochen, häufig wird jedoch übersehen, daß diese Gruppen und Gemeinden – obwohl von der Leidenschaft für die Evangelisation ergriffen – in ihrer Distanz zur Welt jede kulturprägende Kraft verloren haben. Wachsende Kirchen und Gemeinden aber haben eine kulturelle Identität und prägen nicht durch Worte, sondern durch ihren Lifestyle – die jeweilige gesellschaftliche Umgebung.

„Das Wort ward Fleisch und wohnte unter uns" (Joh. 1,14). Gott wurde Mensch, er nahm unsere Gestalt an, um sich uns mitzuteilen. So wurde Jesus ein Jude des ersten Jahrhunderts, er sprach aramäisch, er kleidete sich und aß, wie es ein Jude seinerzeit tat. Er war Teil dieser Kultur, und gerade dadurch hat er sie so grundlegend verändert: Nur wer sich auf eine Kultur einläßt, kann sie verändern. Billiger ist Mission auch heute nicht zu haben.

„Das Wort muß in jeder Kultur Fleisch werden... Das Evangelium muß heute eine Gestalt gewinnen, die relevant ist für alle Volksgruppen... Ansonsten werden die Botschafter das Ärgernis sein, aber nicht das Wort vom Kreuz..."[32]

Bei einer internationalen Konsultation des Lausanner Komitees für Weltevangelisation wurde festgestellt: „Die Barrieren, die der Annahme des Evangeliums entgegenstehen, sind mehr soziologischer als theologischer Natur. Die Menschen weisen das Evangelium nicht deshalb zurück, weil sie es für falsch halten, sondern weil es ihnen fremdartig erscheint. Sie haben die Vorstellung, daß sie, um Christen zu werden, ihre eigene Kultur verleugnen, ihre eigene Identität verlieren und ihre eigenen Leute verraten müssen. Um sie zu lehren, muß der Evangelist sich nicht nur mit ihnen identifizieren können und sie mit dem Evangelisten; das Evangelium muß so kontextualisiert werden, daß die Gemeinden selbst, in die sie eingeladen werden, ausreichend stark zu ihrer Kultur gehören, so daß sich die Menschen in diesen Gemeinden zu Hause fühlen können. Wenn diese Bedingungen erfüllt werden, können Männer und Frauen für Christus gewonnen werden, und die Gemeinden werden wachsen..."[33]

Was bedeutet dies für die Arbeit mit jungen Erwachsenen?

- Mitarbeiter/innen leben selber bewußt in der Lebenswelt Erwachsener. Sie reflektieren ihren eigenen Lifestyle selbstkritisch und wissen über andere Lebensformen Bescheid. Man spürt es Mitarbeitern ab, ob sie das Milieu lieben, in dem sie mit jungen Erwachsenen arbeiten!

- „Lebendige“ Gemeinden und Gruppen, die sich angenehm von einem langweiligen Routinebetrieb einer durchschnittlichen Gemeinde abheben, orientieren sich ganz wie der einzelne Mensch entweder am Lifestyle-Entwurf der Yuppies (Bildungsbürgertum mit Konzerten, Vorträgen und Gesprächsabenden...) oder an dem der Alternativen (Friedensbewegung, Konziliarer Prozeß, Projektgruppen usw.). Das heißt im Klartext: Selbst die Gemeinden, die uns noch als „lebendig“ erscheinen und die als Vorzeigeobjekte „Modellcharakter“ haben, orientieren sich in Wirklichkeit an zwei kulturell prägenden Lifestyle-Entwürfen unserer Gesellschaft. Sie sind damit ein Spiegelbild der gesellschaftlichen Wirklichkeit (vgl. Kap. I 4).

- Will aber die Gemeinde Jesu Christi ihre prägende Kraft für unsere Gesellschaft zurückgewinnen, wird sie ohne Vorstellung von einem eigenen Lifestyle nicht auskommen können. Junge Erwachsene, die heute als Christen leben, stehen vor der aufregenden Frage, wie der „Dritte Weg“ eines Lifestyles zwischen Yuppies und Alternativen aussehen könnte.

Es geht hier um ein Christsein, das geprägt ist von fröhlichen und phantasievollen Festen, aber auch vom Mut zur Stille und zum Gebet; ein Christsein, das lebt vom gemeinsamen Umgang mit der Bibel, das aber immer auch konkrete diakonische und politische Aufgaben nicht aus den Augen verliert; ein Christsein, das die ästhetische Dimension von Kunst, Musik und kreativem Gestalten zu schätzen weiß, gleichzeitig sich aber nicht zu schade ist, den Schatten des

Leidens und der Not der Welt sich auszusetzen und anzupacken. Es geht darum, aus der Mitte des Glaubens heraus gesellschaftliche Verantwortung zu übernehmen, ohne dabei den Sinn für das schöne Leben zu verlieren!

Aber reicht das wirklich?

„Was kostet dich das Christsein?“ Mit dieser einfachen Frage brachte mich ein Teilnehmer unseres Hauskreises kräftig durcheinander. Wir besprachen einen Textabschnitt von Dietrich Bonhoeffer, in dem er davon berichtet, daß es „Christen“ und „Nachfolger“ gebe. Die einen seien nur Christen, weil sie an Jesus glauben, andere seinen Christen und Nachfolger, weil ihr Glaube Konsequenzen in ihrem Leben hat. Könnte es sein, daß Nachfolge heute für junge Erwachsene bedeutet, eingefahrene Lebensentwürfe aufzugeben, um sich gemeinsam aufzumachen nach einer neuen Lebensform?

Wenn meine Beobachtung richtig ist, sind immer mehr junge Erwachsene aus unterschiedlichen Kirchen und Verbänden von besonderen Lebens- und Wohngemeinschaften fasziniert. Junge Familien, Alleinerziehende und Singles schließen sich zusammen, kaufen oder mieten gemeinsam ein großes Haus. Bestimmte Räume sind gemeinsam nutzbar, andere Räume hat jeder einzelne oder jede Familie für sich, darüber hinaus gibt es Gästezimmer, die für die kurzfristige Aufnahme von notleidenden Menschen bereitgestellt sind. Bestimmte Aufgaben können rationalisiert werden (Kochen, Waschen, Kinderbetreuung usw.). Dadurch gewinnen junge Erwachsene viel Zeit für sich selber oder für neue Aufgaben. Eine gemeinsame Werkstatt ermöglicht es, viele Dinge selber herzustellen und zu reparieren. In einem Raum können Kreativkurse stattfinden, ein anderer ist eine Art Café oder ein Kommunikationsraum. Dieses Modell, auch bekannt unter dem Stichwort „Werkstatt Leben“, bietet die einmalige Chance, die im ersten Kapitel genannten Lebensformen zu überwinden und eine neue zu schaffen. Weil die Frage, was denn der

Glaube für das Leben bedeutet, gar nicht erst gestellt, sondern durch den Lebensvollzug beantwortet wird, haben diese Lebensgemeinschaften eine große Ausstrahlungskraft nach außen. Darüber hinaus erleben junge Erwachsene hier, was Kirche in Wahrheit ist: eine Gemeinschaft von Christen, die gemeinsam ihr Leben teilen und gemeinsam mit konkreten Aufgaben der Gesellschaft dienen. Hier, in einer neuen Art von „Familie", wird die schmerzliche Trennung von Wohn-, Arbeits- und Freizeitwelt mindestens teilweise aufgehoben. Dieses gemeinsame Dach, diese Einheit schafft nun für den einzelnen den Luxus der Vielfalt:

- eine individuelle Sphäre (der Beruf, auch Teilzeitbeschäftigung)
- eine Geborgenheit spendende Sphäre (die Ehe oder die Partnerbeziehung)
- eine verbindende, gemeinschaftliche Sphäre (das Haus als gemeinsames Dach)

Daß andere so etwas tun, finden wir schick und irgendwie interessant. Könnte es nicht sein, daß Gott uns die Frage, ob wir nun Christen oder auch Nachfolger sind, gerade in bezug auf die Lebensform konkret stellt? Jung und trotzdem erwachsen – kann das nicht die Chance sein zu einem neuen Wagnis der Nachfolge? Ich ahne schon, Gott möchte unser Leben und unsere Gesellschaft dadurch reich machen.

2. Chance und Wagnis: Acht Thesen zum Thema

1) Junge Erwachsene übernehmen einen Werterahmen für ihr Leben, indem sie sich mit einem konkreten Lifestyle identifizieren. Sie sind damit hauptsächlich über einen konkreten Lebensstil anzusprechen. Junge Erwachsene gewinnen heute vorrangig durch glaubwürdig gelebtes Christsein einen Zugang zum Glauben. Evangelisation unter jungen Erwachsenen heißt deshalb, ein möglichst konkretes Bild vom Christsein zu vermitteln.

2) In einer individualisierten Gesellschaft werden Botschaften am wirkungsvollsten durch kollektive Formen vermittelt. Lebendigen Gemeinschaften, Cliquen, Szenen, Gruppen, Kommunitäten usw. kommt deshalb für die Vermittlung des Glaubens an junge Erwachsene größte Bedeutung zu.

3) Junge Erwachsene erleben heute in der Regel ihre persönliche Umkehr als einen Prozeß, als ein Hineinwachsen in die Gemeinschaft und in den Lifestyle einer konkreten Gruppe oder Gemeinde. Oft geschieht der Einstieg in den Glauben bei jungen Erwachsenen, wenn sie seine Relevanz für das Leben in der Gemeinschaft der Christen erlebt haben.

4) Die Verkündigung der guten Nachricht bei jungen Erwachsenen hat den Charakter von Erstverkündigung und Erstkatechese. Dabei genügt es nicht, theologische Begriffe zu erklären, sondern die gute Nachricht muß in den Kontext des alltäglichen Lebens übersetzt werden. Nur eine Verkündigung, die von der konsequenten Hinwendung zur Situation junger Erwachsener geprägt ist, kann den jungen Erwachsenen noch erreichen.

5) Für unsere Gesellschaft ist der junge Erwachsene vor allem als Konsument interessant, denn die Kaufentscheidung gerade dieser Personengruppe kann für ein Produkt marktentscheidend sein. Da durch den Kauf von Produkten und Dienstleistungen keine wirkliche Identität zu gewinnen ist, sind kirchliche Angebote für junge Erwachsene geprägt von einem gemeinsam gestalteten Kommunikationsprozeß, in dem Menschen in der Beziehung zu Gott und zu anderen Menschen diese Identität finden können. Angebote, die weniger konsumorientiert, dafür aber auf Beteiligung angelegt sind, ermöglichen dem jungen Erwachsenen, seine eigenen Gaben, Grenzen und Möglichkeiten zu entdecken. Die entscheidende Erkenntnis, die eigene Identität nicht kaufen zu können, sondern geschenkt zu bekommen, ist eine wichtige „Vorerfahrung" für die Annahme des Evangeliums.

6) Junge Erwachsene, die durch die Verwurzelung in einer lebendigen Gemeinschaft und durch die Entdeckung ihrer Identität freigeworden sind, sind auch bereit, Verantwortung für Umwelt und Gesellschaft zu übernehmen. Nur wenn es gelingt, junge Erwachsene mit einem neuen Verständnis der Schöpfung und für ein verantwortungsvolles Handeln zu gewinnen, gibt es eine realistische Chance für eine Überlebensstrategie. Eine Evangelisation, die junge Erwachsene zum Glauben und Handeln einlädt, ist ein entscheidender Beitrag zur Lösung der Zukunftskrise.

7) Nur wer sich auf eine Kultur einläßt, kann sie verändern. Nur eine christliche Gemeinschaft, die bereit ist, sich in der Nachfolge Jesu auf Werte und Formen der Jugendkultur einzulassen, wird ihre gesellschaftliche Umgebung prägen und verändern können. Die Werte und Formen der Jugendkultur von heute sind die „Standard-Kultur" von morgen. Was heute als „Gegenkultur" erscheint, wird im Jahre 2000 das allgemeine – generationsübergreifende – Lebensgefühl sein.

8) Die Kirche als Gemeinschaft lebendiger Christen kann heute noch junge Erwachsene mit ihrer Botschaft gewinnen, wenn sie bereit ist, im Dialog und im Kontrast zur Gesellschaft einen eigenen Lifestyle zu wagen und zu leben.

Anmerkungen

[1] Copray, S. 26.
[2] Copray, S. 82.
[3] Nipkow, S. 95.
[4] „Wiener“ 3/90, S. 78.
[5] Ebd.
[6] Horx, S. 72.
[7] Botho Strauß, zitiert im „Wiener“ 3/90, S. 79.
[8] Helmut Fritz, „Das Gegenbild der Protestgeneration“, in: Frankfurter Rundschau, 27.12.1986.
[9] Aktuell, S. 515.
[10] Journal Frankfurt 2/90.
[11] Schultz von Thun, S. 26.
[12] Ebd., S. 27.
[13] Ebd., S. 29.
[14] Kettling, S. 9ff.
[15] Ebd., S. 18.
[16] Paul Tillich, zitiert bei Bürkle, S. 36.
[17] Die werbende Gemeinde, S. 105.
[18] Emerson, Ralph Waldo, zitiert bei Wanner, S. 146.
[19] Thielicke, Helmut, zitiert bei Wanner, S. 300.
[20] Rohr, S. 52.
[21] Hollstein, S. 12.
[22] Malessa, Andreas, Predigt bei „life pur“ (Offene Abende für junge Erwachsene) am 22.4.1989 in Karlsruhe.
[23] Copray, S. 96.
[24] Nipkow, Vortrag, S. 8.
[25] Ebd.
[26] La Rouche, S. 43.
[27] Malessa, S. 84.
[28] Vgl. die ausführliche Darlegung zu diesem Thema bei Malessa, S. 109ff.
[29] Vgl. Schinzer, S. 5ff.
[30] Siehe auch: Bibel vor Ort. Werkbuch zum Jahr mit der Bibel.

[31] Vgl. Pöhl, S. 8ff.
[32] Beasley-Murray, Vortrag.
[33] Zitiert ebd.

Literatur

Aktuell. Lexikon der Gegenwart, Dortmund 1984

Beasley-Murray, W., Vortrag vor der 5. Internationalen Konferenz für Gemeindewachstum in Wiesbaden, abgedruckt in „Die Gemeinde" Nr. 44/90

Bibel vor Ort. Werkbuch zum Jahr mit der Bibel 1992, Stuttgart 1991

Bürkle, Horst, Missionstheologie, Stuttgart u.ö. 1979

Copray, Norbert, Jung und trotzdem erwachsen, Düsseldorf 1987

Deutsche Shell AG (Hg.), Shell Jugendstudie 1985. Eine Studie des Instituts für Marktanalysen, Hamburg 1985

Evangelischer Werbedienst (Hg.), Die werbende Gemeinde, Frankfurt 1989

Horx, Matthias, Die wilden Achtziger: Eine Zeitgeistreise durch die Bundesrepublik, Wien 1987

Kettling, Siegfried, Toleranz und Wahrheit – wie Hund und Katze, Wuppertal 1981

La Rouche, Walter, Handbuch des Journalismus, Frankfurt 1987

Malessa, Andreas, Tausend Tips für Mitarbeiter. Ein Handbuch für missionarische Veranstaltungen, Neukirchen-Vluyn 1985

Nipkow, Karl-Ernst, Erwachsen werden ohne Gott? Gotteserfahrung im Lebenslauf, München 1987

Nipkow, Karl-Ernst, Die Lage der jungen Generation in unserer Gesellschaft, Vortrag vor der Württembergischen Landessynode am 13. Juni 1988; veröffentlicht in: „Dokumente", hrsg. vom Evang. Jugendwerk in Stuttgart, Herbst 1988

Pöhl, Wolfgang, Ausstellungen von A-Z, Berlin 1987

Rohr, Richard, Der wilde Mann. Geistliche Reden zur Männerbefreiung, München 1986

Schinzer, Reinhard, Die Bibel ins Spiel bringen, Göttingen 1984

Schulz von Thun, Friedemann, Miteinander reden: Störungen und Klärungen. Psychologie der zwischenmenschlichen Kommunikation, Reinbek bei Hamburg 1981

Wanner, Margret, Treffend gesagt. Das große Buch der Zitate, Gießen 1989